17歳からはじめる
経済・経営学のススメ

Wako University
Faculty of
Economics and Business

和光大学経済経営学部　編著

WAKO UNIV.
50

和光大学

日本評論社

まえがき

いま、この本を手に取っていただいているみなさん、いきなりですが、「経済学」や「経営学」にどのようなイメージをお持ちですか？

世の中には、経済学や経営学に関してヘンテコな誤解があるようです。たとえば、この本を書いている私たちが「経済学科で教えています」と自己紹介しようものなら、「あら、先生は子どものころから数学がお得意だったんですね」といった反応が返ってきたりします。実は、これなどはまだましな方で、気の毒なことに経営学科の教授たちは「お金もうけがお好きなんですね」「今度、方法を教えてくださいね」などといわれたりもします。

本当の姿は「イメージ」と違っています。数学よりも歴史の方が好きな経済学者もいます。また、お金もうけにとんちゃくしない経営学の先生もいます。彼らは数学やビジネスの重要性は認識しながらも、自らの問題意識にしたがって独自の研究をすすめています。その研究領域は「イメージ」されるものをはるかに超えています。

この本もタイトルに「経済学」や「経営学」とつきますが、必ずしも経済学者や経営学者だけで書いたものではありません。目次を見ていただくとわかるとおり、この本で取り上げる内容は多彩です。調査対象地も日本だけにとどまりません。ヨーロッパ、アメリカ、アジア、さらには中近東にまで拡がっています。そして、執筆陣の年齢や国籍も多様です。

ですから、この本は年齢や職業に関わりなく、経済学や経営学の基本とその周辺にあるものの考え方を知って新しい視野を手に入れたい方や普段の暮らしに潜む「なぜ」を解き明かしてビックリしたい、ワクワクしたいという方にお勧めです。

もしかすると、この本から、ある人はビジネスの現場で必要とされるヒントを見つけられるかもしれません。はたまた、公的機関で働く人が政策の有効性を考える時に役立つかもしれません。もちろん、学生の皆さんは学校で学んでいる授業の参考書としてお使いになれるかもしれません。

変な例えに聞こえるでしょうが、「なぜビールの1杯目が美味しくて、3杯目はそれほどでもないのか」とか、「カジノができたら、本当に外国人観光客は大勢やって来るのか」や「勉強すれば成功できるのか」などを考える視座になるかもしれません。

正直なところ、私たちでさえ、最近の経済学や経営学の周辺領域の広がりには驚かされるばかりです。「こんなところまで経済学や経営学と関係しているのか」とビックリすることがよくあります。

数年前のことですが、私たちはある南国の熱帯雨林のジャングルへ調査に出かけました。日本を出発して数日後、私たちは電気のない、しかも携帯電話の電波も届かない森の中の小さな村に行き着きました。幸い、親切な村長が自宅に招き入れてくれました。すると、驚いたことに、家の居間にはドーンと冷蔵庫が置いてありました。村長は、その冷蔵庫からビールを取り出してふるまってくれたのです。でも、ビールは生温かいものでした。だって、冷蔵庫に電気が通じていないのですから。

普通であれば、家電製品を買う理由は、その機能を使って、生活の質を高めることにあります。暮らしの満足度を高めていくことを経済学では「効用を高める」などといいます。どうやら、村長の家の冷蔵庫は肉や魚を保存することができなくても、効用水準を引き上げることができるようです。それは、所有して他人へ見せることに価値を見いだしているからでしょう。経営学でいうところの「顕示的消費」に通じるものです。私たちは図らずもジャングルの中で経営学理論の正しさを知ったわけです。

実は、その後、村をたびたび訪れています。基本的に村の暮らしは自給自足です。ただし、村人はゴムの木を栽培していて、ゴムの買い取り価格が上昇するとせっせと樹液を集めて、町からやって来る仲買人に売っています。こうして手に入れた現金収入で欲しかった家電製品などを購入しているようです。一方、ゴムの価格が安い時には、何もしないと聞きました。ご存知のように、ゴムは典型的な国際商品です。ということは、ジャングルに暮らす人々の行動も世界的な商品市況に左右されていて、それこそが村人の「顕示的消費」を刺激しているのです。このように、経済や経営の視点で社会を読み解くことは興味深い発見に満ちています。

この本は12の章と10のコラムで成り立っています。どの章、どのコラムからお読みいただいても構いません。それぞれが完結した内容になっています。お読みいただく方には、まず、どこかの章やコラムにご興味を持ち、そこを起点に次々と関心をつなげていってほしいと願っています。私たちがジャングルはじめ色々な場所で日々考える、奥深い「経済学」と「経営学」の知的冒険を身近に感じていただければうれしく思います。

2015年12月吉日

和光大学経済経営学部教員一同

目次

Part 2　人・暮らしのはなし

コラム

Part 1

ビジネス・お金のはなし

第１章

ビジネスで拓くあなたの未来

當間政義

はじめに

現在、職業は豊富にあるといっても過言ではないでしょう。ただし、職場環境は必ずしも良好とはいえない状況ではないでしょうか。卒業生たちからよく聞くことですが、学校を卒業して企業に就職してみたのはよいが、実は（世間をにぎわせる）ブラック企業であったとか、大企業と呼ばれる一流企業に就職してみたはよいが、仕事にやりがいを感じない無力感に陥ったとか、上司の言っている意味がよくわからないとか、しまいには何のために働いているのかもよくわからないとか等々、職場状況に関する様々な不平や不満は溢れんばかりです。

「社会というのはそんなものだ！」と言われれば、それまでの話です。でも、現実社会と自らがこれまで育んできた歩みとが、少なからずギャップないしジレンマのようなものを感じている人にとっては、少々考える余地があるでしょう。このような読者に対して、本章では、日本企業が置かれた状況を考察しながら、人生の未来を拓く途としてビジネスの起業を提案したいと考えています。

日本の経営社会のねじれ現象とジレンマ

●日本という経営社会で物語るもの

筆者が担当する講義において、初回の講義にいくつかの質問を受講生に投げかけています。その質問うちの1つは、「管理と聞いて思い浮かべる色は何色か？　そしてその理由は？」です。10年以上も前には、白、黒、グレー（灰色）という回答が大多数を占めていました。理由は、白はホワイトカラーというういわゆる管理職の意味もあることでしょうが、どちらかといえば、上司の命令でどうにもなるというイメージでした。黒はズルいとか怪しいとか腹黒いとかいう、どちらかといえばダーティなイメージでした。次いで、グレーは、はっきりしないというイメージでした。ところが、この質問に対する回答が、近年、だんだん変化してきました。最近では、青、緑、茶の色が非常に多くなってきたのです。これまで回答の上位を示していた白、黒そしてグレーの3色はこれらの色の次です。受講生たちに尋ねてみると、実は高校生まで学校で着ていた上履きやジャージの色をイメージするようです。この意味するところは、やはり厳しいと感じた管理教育の表れでしょうか。もちろん、これが悪いというのではありません。教育の意味は多くあります。けれども、その功績を認めた上であえて述べるとすれば、どことなく窮屈というイメージで、早く解放されたい、のびのびやりたいということを意味しているようにも受け取れるのです。

●頑なに守られる仲間意識と閉塞感

上述したことにも表れているでしょうが、日本の社会は仲間意識（メンバーシップ）がとりわけ強い国でしょう。企業とて同じことです。この仲間意識が強い企業は、突出した個人的なスキル、高い能力あるいは多様性を認めようとしないだけでなく、組織の社員を結びつける感情的な強い結びつきを重視する傾向があります。これは、個々の組織に固有の風土や文化といったものです。これが、思考習慣となってルールや慣習として、頑なに守るべきものとなっているのです。この強い結びつきを重要視してきた日本企業は、まさに経営社会ともいうべきこの仲間意識を長く構築してきました。これを踏襲してきた先輩社員たちは、部下たちに対しても、当然のごとく強い結びつきを要求することとなってしまうのです。この強い結びつきによって、組織がコントロールされているために、経営社会は窮屈や閉塞を感じるものとなってしまうのです。

幼少の頃から管理教育の中で生きるように躾けられてきた日本人にとっては、まさにその過程で必然的に我慢するという耐性が身についていきているように思われます。こうした生活を送ることがごく普通なことであって、そうではない人々は、異端児や問題児の扱いを受けてきたのではないでしょうか。彼らは、それでも自らを鼓舞しながら、何とか頑張ってこられれば良いが……今の日本の経営社会ははたしてどうでしょうか。およそ、周囲から理解されず、いわゆる孤立してしまった状況に陥るのではないでしょうか。

「ケンカするほど仲がいい！」と幼少の頃からよく聞かれた言葉ではある。はたして本当にそうでしょうか。少なくとも、幼少の頃から高校生の頃まで１つのクラスに所属して、少なくとも１年間は生活を送ることになります。強い結びつきを重要視するため、他者を理解することから考えれば、教育の重要性とともに有用な学習と経験を積んでいるようにも思えます。我慢や秩序、ルールやチームワークなど様々なものをここで学ぶことになります。これはこれで非常に重要なことです。しかし、ある一定の条件下においては有効とされたこの強い結びつきは、条件が変化したとき、有効に機能するのでしょうか。これはひとえにNO！といわざるを得ない。これが組織内部にジレンマとして存在することでイノベーションがなかなか施されない所以でもある。このような経営社会の情況に対して、疑問を持ち始めた人にとって、この拷問にも似た感覚の中である一定の年限を過ごすとなると、非常に窮屈で耐え難い厳しさに陥ることとこの上ないことでしょう。

経営社会における根源的問題

●個性の尊重はジレンマの根源か

ところで、「個を尊重し大事にする」というのは、今日、どのような組織でも使われている一般的なことでしょう。しかし、この用語に示される個の尊重は、上述したこととも関連しますが、「はたして日本企業の経営社会の中で実際に機能しているのでしょうか」という疑問を抱かざるを得ません。学生たちをみていて思うことですが、就職活動をするために、一生懸命になって資格の取得に取り組み、また自己PRのネタ探しに努力しています。それは、「高い能力を持った人材が採用されるのだ(3)」と考えているからです。これはこれで良いとしましょう。ところが、新入社員を採用する際に、「人事課長は、必ずしも目立った能力や資格を持つ人間に注目していない。むしろ、企業が描いているスタイルにフィットしている人材かどうかを見ている」[4]ようです。新入社員の採用に面接を重視するのはそのためなのです。言い換えると、「自分の部下として、後輩として、一緒に働けるかどうかが基準」との主張があります。まさに強い仲間意識そのものなのです[5]。

ここで、入社する前の内定学生と入社後の若手社員の見解を述べてみましょう。マイナビ株式会社（メディアコミュニケーション事業部）による「若手社会人と内定学生の仕事に関する意識調査」において「出世したいと思わない」と回答した若手社会人は45・2％、内定学生は15・8％となっています。ちなみに、若手社員の出世したくない度について過去5年を振り返ってみると、2008年は54・8％、2009年は52・5％、2010年は48・1％、2011年は51・0％となっています[6]。このような見解の相違が起こるのはなぜでしょうか。ここに、仲間意識を強く持つ企業側と若手社員の意識との間に大きなギャップがあるように思えます。実際に入社して、社員として働いているさまざまな要因があるでしょう。でも、働いている限り、それなりに自らの働きぶりを認めてもらいたいという意味で、昇格は重要でしょう。ところが、上記の数値が示すことは、出世したくないと考えている人が半数近くにのぼり、非常に多いのです。

●日本企業の人事管理における異変

出世したくないと考える若手社員がこれほど多く存在するのは、いったいなぜでしょうか。ひとまず、企業における人事管理に注目してみましょう。伝統的な日本企業の人事管理については、日本的経営と呼ばれ、非常に優秀なシステムとして諸外国からも称賛されてきました。この日本的経営は、三種の神器と言われ、終身雇用、年功序列制（年功制）、企業別組合といわれています[7]。それがいいかどうかを問うことは愚問ですが、少なくとも日本が世界に誇る経済力を持つに至った根底には、これが確かに存在したことでしょう。先輩たちの英知と努力にはこの上ない感謝です。ところが、近年、この日本的経営が、経営環境の変化によって人事管理のあり方に大きな変化をもたらしてきています。その最たるものが、成果主義の導入にあると考えられます。

深く議論することは避けることにしますが、この成果主義は景気が低迷する日本企業が活路を見出すべく欧米型の人事管理として導入された経緯があります。この成果主義は、簡単にいえば、与えられた職務の成果に応じて、賃金やボーナスを決めることでした。この成果主義の利点について、一般的な理解としては、①個人の仕事の目標と成果を公平にしかも正当に評価する事、②優秀な人材を確保する事、③個人のキャリアをレベルアップさせる事、④個人の学歴や勤続年数と成果とのミスマッチを解消する事といったこと等です[8]。このように、人材の能力が最大限に発揮されることで、組織を活性化するとともに、組織の能力を最大限に高めることにつながると考えられてきたのです。

この成果主義の導入について、日本の経営社会はこの制度をどのように受け止めたのでしょうか。結論からいえば、「人事が表向きは成果主義の導入を標榜しつつ、その実、既存の強大な権力が一気に小さくなり、中央支配に慣れていたラインの秩序が崩壊することを恐れて、権力の温存を図ろうとする。その結果、成果主義導入の失敗を招く」[9]と指摘されています。このように、その利点とは裏腹に、日本企業の人事管理において、企業の上役と部下である若手社員の見解にギャップを生じさせ、双方の行動に混乱をきたす結果となってしまったように思われます。

●年功制のガタ崩れ

上述した見解の相違、いや混乱を生じさせる理由をもう少し踏み込んで考えてみましょう。日本的経営の三種の神器のうちの年功序列制に注目してみましょう。この年功制は、もともと社員の年齢が上昇するにつれて、昇格や昇給が叶うシステムです。いってみれば、昇格も昇給も年功が増すに伴い右肩上がりとなります。ここで厚生労働省による、平成24年賃金構造基本統計調査（全国）結果の概況を見てみましょう。(10) 賃金は、男性329・0千円（年齢42・5歳、勤続13・2年）、女性233・1千円（年齢40・0歳、勤続8・9年）となっており、対前年度比で、男性では0・2％、女性では0・5％それぞれ上昇となっています。男女合計の視点から、時系列でみていくとどうでしょうか。ここで、**図1**を見てみましょう。対前年度の賃金は急激に低下しており、右肩下がりでしょう。これでは若手社員たちは、上司と同じ行動をとっていても将来が明るくはない。

年功制を掲げて慣習やルールとして頑なに守ってきた仲間意識を重視する日本企業の人事管理は、もはや機能していると称することは不可能のようです。加えて、近年、多くの企業でも課長制度等をはじめとする役職を廃止し、時限付きのプロジェクト単位で職務を遂行する状況になると、昇給どころか昇格についても企業側が年功制を掲げることが非常に難しくなってきています。このような状況において、仲間意識を強調する企業側の思惑もあるでしょうが、これを若手社員たちあるい

図１　賃金（男女合計）の対前年増減率の推移

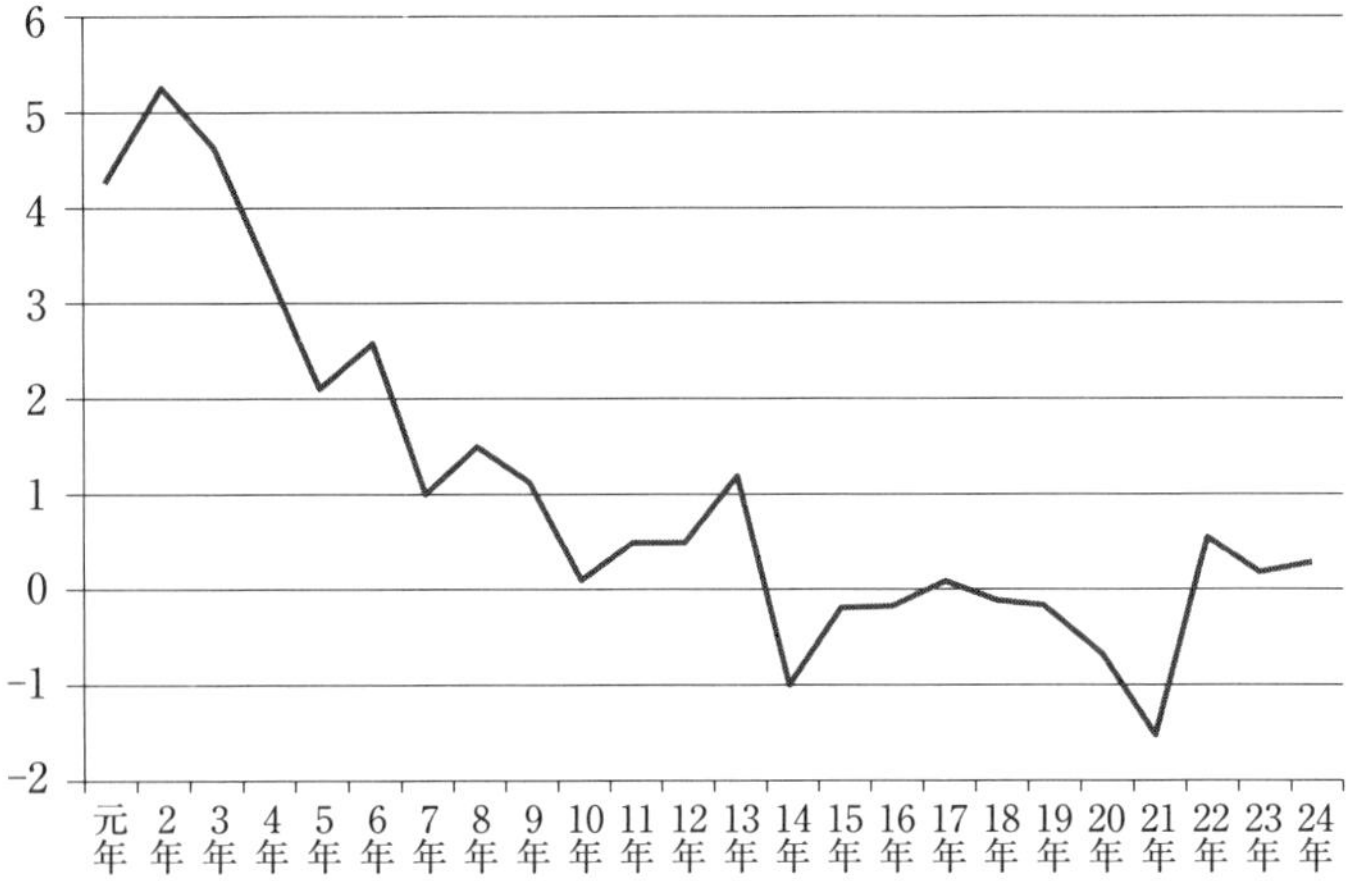

出所：「平成24年賃金構造基本統計調査（全国）結果」『厚生労働省』 http://www.mhlw.go.jp/toukei/itiran/roudou/chingin/kouzou/z2012/dl/01.pdf （2014年11月30日参照）第１表および第1図性別賃金及び対前年増減率の推移を修正。

は部下たちに対して、これまで通りの人事管理を適応させようとすれば、やはり無理であるといわざるをえません。現在の日本企業において、この年功制を維持し続けている限り、従業員が士気を高め、やりがいと収入を同調させるシステムは存在しないように思われます。

社員たちに増加する精神的な病

以上述べてきた現象は、労働環境に大きな影響を与えているといっても過言ではありません。企業で働く社員は、近年、非常にストレスを感じる状況にあるようにも思えます。このストレスによって精神的な病に陥っている人が実は少なくない。財団法人社会経済生産性本部のメンタル・ヘルス研究所は、日本全国の上場企業２３６８社を対象に、２００２年か

表１　精神的な病の年齢層割合

年齢	2002年	2004年	2006年	2008年	2010年
10～20歳代	13.1%	10.4%	11.5%	10.8%	13.9%
30歳代	41.8%	49.3%	61.0%	59.9%	58.2%
40歳代	27.0%	22.0%	19.3%	21.9%	22.3%
50歳以上	9.6%	5.6%	1.8%	3.0%	1.2%

出所：「メンタルヘルス研究所」、『公益財団法人日本生産性本部』http://www.js-mental.org/kekka.html（2014年11月30日参照）よりデータを抜粋、加筆修正。

ら２０１０年まで、２年ごとに合計5回の調査を行っています[11]。

会社で働く人材が精神的な病になる傾向として、２００２年には48・９％、２００４年には58・２％、２００６年には61・５％、２００８年には56・１％そして２０１０年には44・６％となっており、非常に多い現状となっています。

また、企業の中で、精神的な病はどの年代に多いのでしょうか。**表1**を参照してみましょう。精神的な病に陥る年齢は、30歳代が圧倒的に多く、次いで40歳代です。企業の柱となる重要なこれらの世代は、仕事にも慣れ、職務を遂行することがよく理解できている世代です。彼らは企業を支える一番の大黒柱なのです。この大黒柱が、実に精神的な病に陥っている割合が多いとするならば、組織そのものはまさに活力を失っているといわざるをえないといえます。

日本企業は、経営環境の変化にしたがって人事管理のシステムに成果主義の導入を掲げたことでしょう。しかしながら、人事採用についても、人事管理についても、過去と同じ状況下で適応させようとすること自体、無理といえるでしょう。企業において終身雇用として貢献すること自体、考え直さねばならないことのように思えます。企業側が求めるか否かは別として、就職活動を行う学生たちが自らの将来を考えて、資格等を取得して能力を高めていこうとする状況はうなずけます。このような変化が世代間の認識にギャップを生じさせ、混乱を醸成させてしまったのです。これまでのシステムを踏襲する者、変化した主義に適応していこうとする者、様々に混在した状況が生じる。これがジレンマとなってねじれた現象が起こり、精神的な病に陥る社員が数多く出てくると考えられるのです。

個の尊重は脅威か機会か―孤立することを恐れるなかれ―

●起業の原動力

日本の経営社会におけるジレンマについて長々と述べてきました。もちろん、このような状況の中でも、生き生きと全力投球で頑張れている人もさぞかし多い事でしょう。それはそれで良いことです。しかし、上述してきたように、日本企業の人事管理のシステムに閉塞感や息苦しさを少なくとも感じる人たちにとってはジレンマの渦中で精神的な病に付する前に、何とかしなければならないと考えるはずです。このように感じる人たちへは、まさに個の尊重、すなわち自分の能力を顕在化させるという意味で、また、自らの士気が高まり、やりがいと収入を同調させるという意味でも、本章では、自ら企業家となって独立しビジネスを起業することを提案したい。

図２　起業家の年齢別構成の推移

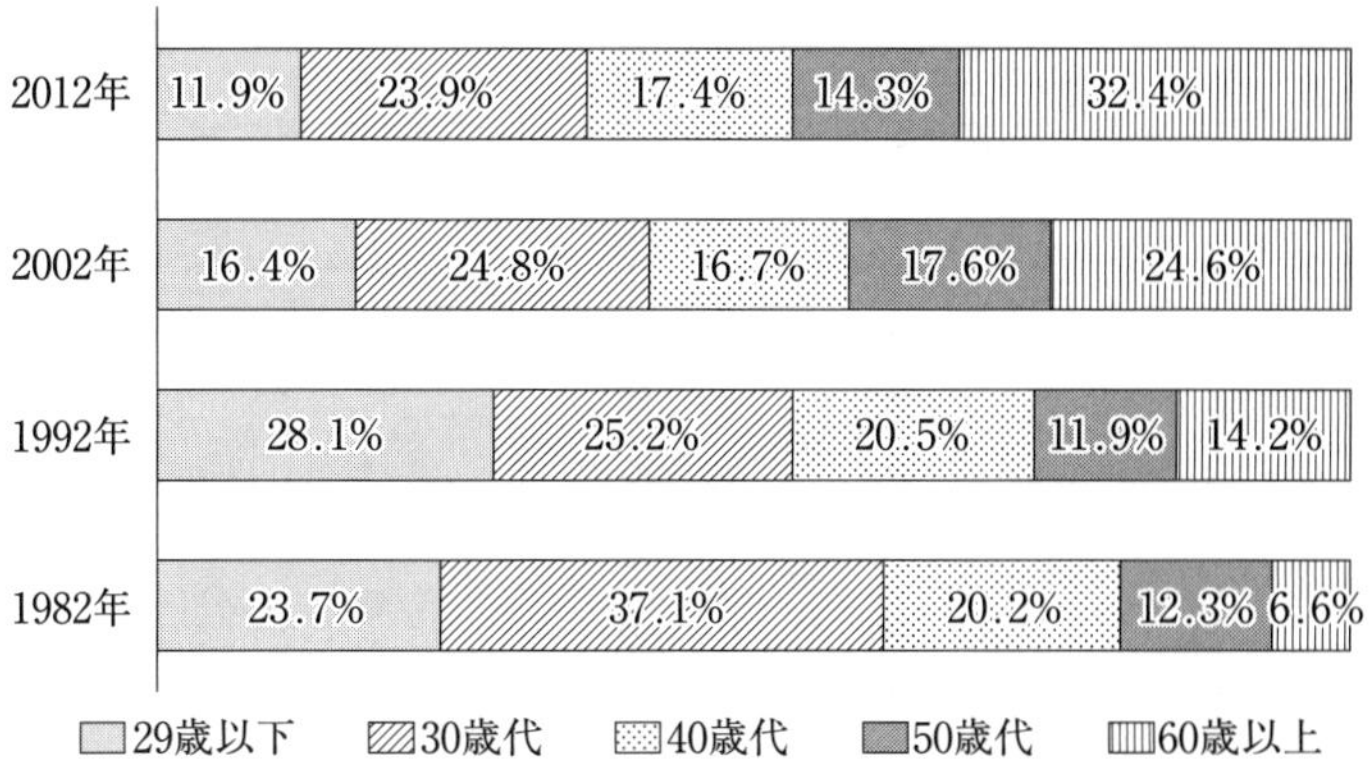

出所：第3-2-4図「起業希望者及び起業家の年齢別構成の推移」
http: //www. chusho. meti. go. jp/pamflet/hakusyo/H26/PDF/07Hakusyo_part3_chap2_web.pdf　p.184を加筆修正。

●起業行為はそもそもリスキー

ここで、実際に起業にしている年齢別構成の推移をみてみよう。起業する人たちの年齢を**図2**に提示してみました[12]。例えば、２０１２年には、29歳以下（11・９％）、30歳代（23・９％）、40歳代（17・４％）、50歳代（14・３％）、60歳以上（32・４％）という具合です。企業で精神的な病と称された30歳代、40歳代、そして50歳代を加えると結構多いことに気がつきます。定年を迎えた60歳以上も多いですね。いかがでしょうか。

起業するという行為は、将来の収入や生活等を考えてみると危険と裏腹な関係ですね。そもそもリスキーです。企業家は、別の言い方をすればリスクテイカーとも呼ばれ、それを乗り切るのは企業家精神（アントルプルヌールシップ）という負けん気が真髄です。いくら負けん気が強いからといっても、それだけで全く興味も関心もないビジネスを手掛け、起業しようなんて思わないでしょう。そもそもビジネスを起業する際、自身で責任を取ることも覚悟を決めていかなくてはいけない。「ビジネスとしていけるかなぁ」とか、「起業してみようかなぁ」と、自らが思っている頃には、自分がビジネスをしていくというマップの全貌が、7割～8割程度が解けている地点にいると思います。経営戦略は、「部分的無知の状態のもとでの意思決定のためのルール」とアンゾフは定義しています。[13]まさにそうですね。自分自身が描けている点、そして描けていない点が明確になっていればよりスムーズに起業へ踏み切れるのではないかと思います。

●社会の問題解決に焦点を当てる

ビジネスの構想を練る際には、社会の中で問題となっているものを探してみてください。よくありがちなのが、すぐに儲かりそうなビジネスを探すことです。インターネットで検索してみても、それは既に他の誰かが手掛けているビジネスが多いといえるでしょう。自らの疑問を探すべく、強く問題意識を感じたらそれは実行の時ですが、社会の問題をどのようにビジネスで解いていくのか。[14]この視点がとても重要なのです。ここで具体的な事例を挙げてみましょう。この生ごみの排出量が増加することは社会の問題です。少なくする努力は我われが皆で取り組むべき事柄でしょう。けれども、生ごみの排出量を減らしていくという問題を解決していくのでしょうか。しかもビジネスとして成立させながら考えていくのです。ここで、おもしろいアイデアをご紹介しましょう。それは、ミミズコンポストのビジネスです。[15]ミミズに生ごみを食させ分解させるというあの仕組みです。するとどうでしょうか。効用１、生産された生ごみの廃棄量を減少できる。効用２、家庭菜園用や園芸用の肥料として使用できる。効用３、釣り餌として販売できる。１つの問題解決が、いくつもの効用が考えられ、同時にそれぞれがビジネスとなりうる。このように社会の問題を解決するのに、ビジネスが担い手となるところに重要性があるのです。

おわりに

日本の経営社会にジレンマを述べてきました。このような状況を感じながらも、就職活動をする若い世代は、将来の人生設計を考え活路を見出すべく、一生懸命になって、資格を取ることや自己ＰＲを構築することに努力していることでしょう。なんと真面目なことでしょうか。日本において経営社会の実情を鑑みて、さまざまな背景から現実を厳粛に受け止める若者世代がいます。その一方で、時代ともに移りゆく変化に対して順応できない企業の先輩たちの多くが、病理現象を作り出してしまっている。これでは日本の企業の活力は生まれるどころかむしろ衰退の途をたどるだけでしょう。我慢しても精神的な病に陥っても、誰も助けてはくれないのです。このような意味から、自らの士気に前向きな若手諸君たちには、やはり起業をすすめます。でも、ネットや雑誌など、様々な局面において実際にチャレンジすることよりも早く結末（答え）をみてしまいがちですね。そこは、あまり賢く先読みをせず、ひとまずやってみようかという感じでいきましょう。そのような意味で、自らの能力を顕在化させる意味でも企業家としてのビジネスセンスを構築することが重要です。それには、行動あるのみ。ただし、起業化するのはあくまでも自分です。成功して裕福になるのも自分ですが、失敗して責任を取るのも、実は自分であることをお忘れなく。

【注】

(1) 仲間意識について関連する文献は数多くある。本稿で参考にした文献は次の通りである。米山俊直（1976）『日本人の仲間意識』講談社現代新書。
(2) 楠木新（2014）『働かないオジサンの給料はなぜ高いのか』新潮新書、第1章。
(3) 楠木新（2014）『前掲書』、23ページ。
(4) 楠木新（2014）『前掲書』24ページ。
(5) 楠木新（2014）『前掲書』、22ページ。
(6) 楠木新（2014）『前掲書』、86ページ。なお、若手社員の出世したくない度については、「若手社会人」と「内定学生」の仕事に関する意識調査」、『株式会社マイナビ（メディアコミュニケーション事業本部）』
http://student.mynavi.jp/freshers/pr/20130124/img/130124_date.pdf（2014年11月参照）
(7) 日本的経営については、さまざまな文献で取り上げられ議論されている。参考文献としては次のものをあげておくことにする。経営学検定試験協議会監修、経営能力開発センター編（2010）『経営学の基本―経営学検定試験公式テキスト―』中央経済社、52ページ参照。
(8) 当間政義（2012）「組織の活性化を導く風土変革に関する一考察」、『和光経済（第45巻、第1号）』和光大学社会経済研究所、117―125ページ。なお、成果主義についての代表的な文献は多数にのぼる。代表的な文献を1点のみ下記に記したので参照されたい。高橋俊介（１９９９）『成果主義』東洋経済新報社。

（9）城繁幸（２０１０）『7割は課長にさえなれません』ＰＨＰ新書、44―45、57ページ。

（10）「平成24年賃金構造基本統計調査（全国）結果」『厚生労働省』http://www.mhlw.go.jp/toukei/itiran/roudou/chingin/kouzou/z2012/dl/01.pdf（２０１４年11月30日参照）第1表および第1図 性別賃金及び対前年増減率。

（11）「メンタルヘルス研究所」、『公益財団法人日本生産性本部』http://www.js-mental.org/kekka.html（２０１４年11月30日参照）よりデータを抜粋した。なお、以下の文献にまとめているので参照されたい。当間政義（２０１２）『前掲稿』20―21ページ。

（12）「中小企業庁」『経済産業省』、第3-2-4図「起業希望者及び起業家の年齢別構成の推移」１８４ページ。
http://www.chusho.meti.go.jp/pamflet/hakusyo/H26/PDF/07Hakusyo_part3_chap2_web.pdf（２０１４年11月参照）

（13）アンゾフの文献については、次の著書を参考にしてほしい。アンゾフ著、広田寿亮訳（１９６９）『企業戦略論』産業能率出版部、１５０ページ。

（14）これはまさに、ポーターの唱える共通価値の創出（Creating Shared Value：CSV）という概念である。ビジネスによって社会の問題の解決に取り組み、社会的な価値と経済的な価値の両立によって共通の価値を創造する考え方である。
Porter, M. E. and Kramer, M.R.（2011）“Creating Shared Value: How to reinvent capitalism-and

unleash a wave of innovation and growth," *Harvard Business Review, Jan.-Feb.*

（15）アッペルホフ著、佐原みどり訳、科学教育研究会監訳（１９９９）『ミミズで生ごみリサイクル』合同出版。

【参考文献】

青木幹喜編著（２００９）『人と組織を活かす経営管理論』八千代出版。
アルビオン著、斉藤槇・赤羽誠訳（２００９）『社会起業家の条件』日経ＢＰ社。
岩田龍子（１９８４）『「日本的経営」論争』日本経済新聞社。
江夏幾多郎（２０１４）『人事評価の「曖昧」と「納得」』ＮＨＫ出版新書。
楠木新（２０１５）『「こころの定年」を乗り越えろ』朝日新書。
工藤啓・西田亮介（２０１４）『無業社会』朝日新書。
今野浩一郎（２０１２）『正社員消滅時代の人事改革』日本経済新聞出版社。
高橋伸夫（２００４）『虚妄の成果主義』日経ＢＰ社。
間宏（１９８９）『日本的経営の系譜』文眞堂。
蜂谷良彦（１９９９）『集団の賢さと愚かさ』ミネルヴァ書房。
三戸公（１９９４）『「家」としての日本社会』有斐閣。
ほか。

コラム

山村の小さなビジネスがおばあちゃんたちを見守る

加藤　巌

長野県小川村は、日本アルプスに囲まれた山間地で、少子高齢化が進んでいます。人口の４割強が65歳以上の高齢者で、一人暮らしのおばあちゃんが増えています。この山村で、いま、小さなビジネスを通じた地域ネットワークがおばあちゃんたちを見守っています。

村の名物は「おやき」です。小麦粉をこねて作った生地に山菜を詰め込み焼き上げます。見た目は肉まんのようです。村ではゲンさんのお店で「おやき」体験を楽しめます。この体験教室では、おばあちゃんたちが先生役です。中には90歳を超えるおばあちゃんもいます。実は、ゲンさんが近所のおばあちゃんたちの様子を見守りながら、その日の体調の良い人に先生役をお願いししています。

「おやき」ビジネスが立ち上がったのは１９８６年のことです。７人のお年寄りが中心となり、おやきの製造販売会社を創業。いまではお食事処「おやき村」が繁盛しています。最近は旅行代理店から「おやき村への山道を拡幅して欲しい」といった要望も寄せられるようになりました。ただし、拡幅の予定はありません。それは「もし大型バスで大勢やって来たら、おばあちゃんたちの負担が大きくなり過ぎるから」だそうです。

村には薬草摘みに精を出すおばあちゃんもいます。薬草を買い取っているお店の一つ、塩沢薬草加工所は家族経営のお店です。商店主は若い三代目の小林さん。主として取り扱うのはお茶の原料となるドクダミです。

小林さんが買い取りに来るのを楽しみにしているおばあちゃんも多いのです。たとえば、ドクダミを一キロ採って来て、小林さんの来宅を待っているのだそうです。小林さんも買い取りに行くたびに、おばあちゃんたちと茶飲み話を楽しみながら、それとなく、様子を見守っています。

小さなビジネスを通じた地域ネットワークがおばあちゃんたちを見守っているのです。ここには高齢社会のあるべき姿が映し出されているように思えます。

第2章

ジャニーズ事務所のビジネス戦略

丸山一彦

はじめに

日本経済新聞社が上場企業の過去5年間の事業部門別の売上げを分析したところ、879社の内、1割弱の企業で、創業事業より後発の新規事業の方が高い売上げになっていました[1]。また社名が創業事業になっている企業（例えばコカ・コーラ社等）でさえ、多角化を行い、多様な事業部から豊富な商品を提供しています。この事は、1つの事業に固守してビジネスを行う事がどれだけ困難であるかをよく現しています。

このように多くの企業が創意工夫の多角化を行い、現在のポジションを維持している中で、むしろ完全にその逆をいくような「男性アイドル」のみに特化したビジネスで（但し一時期女性タレントが所属していた時期があります）、50年間以上発展している企業が存在します。それが株式会社ジャニーズ事務所です。

ところがジャニーズ事務所は、どのような考えの基、ヒットタレントを創造し、マネジメントしているかという、経営やマーケティングの視点で取り上げられることは少なく、ビジネス戦略の実態すらも知られていないのが実状です。そこで、本章では、ジャニーズ事務所はどのようなビジネス戦略の基、タレント創造を行ってきたのかを考察し、その特徴を明らかにしていきます。

ジャニーズ事務所の優良さ

ジャニーズ事務所は、１９６２（昭和37）年6月にジャニー喜多川（本名：喜多川擴）によって創業された芸能プロダクションです[2]。現在創設から52年目を迎え、多くの人気タレントが所属する有名企業になっています。

株式非上場企業であるため、売上高等は不明ですが、興行部門の法人申告所得で、第2位とは大差をつけて２００３～２００５年版[3]で続けて第1位になっています[4]。この法人申告所得データが得られた最後の年の、オリコン株式会社が公表する「２００５年度の年間シングル売上げランキング[5]」を見ると、上位10位以内にジャニーズタレントが3曲、上位20位以内では5曲入っています[6]。

法人申告所得データが得られなくなった年以降でこのことを比較すると、２００６年度の年間シングル売上げランキングでは、ジャニーズタレントが１００位内に26曲が入り、上位5位を2位以外全て独占し、上位20位以内では9曲が入り、２００５年度を上回っています。同様に２００７、２００８年度は上位10位内に5曲、そして２００９年度には上位10位内に7曲が入り、１～３位をジャニーズタレントの「嵐」が独占しています。さらに「嵐」は、年間シングル・アルバム・ミュージックDVD売上げにおいても1位を獲得し、史上初の3冠による「アーティストトータルセールス2009」でも1位を獲得しています。[7] このことから、法人申告所得データが得られた2005年度よりも、2006年度以降の方がジャニーズタレントの売上げが高いことが分かり、2006年度以降の法人申告所得データは得られていませんが、ジャニーズ事務所は2006年度以降も年々発展していることが推測できます。

そしてジャニーズ事務所に所属するタレント数はおよそ200人程度と言われていますが、その半数以上がジャニーズJr.（ジュニア）と呼ばれる研究生であり、主で活躍するタレント数から考えると、このような小さい企業規模で、この市場をこれだけ独占できることは驚異的なことだと言えます。さらにこのような音源による収入以外にも、写真集、グッズ、コンサート・ミュージカル興行、TV・映画出演料、ファンクラブ収入等を含めると、莫大な売上げが推測でき、現在もなお優良企業であることがよく理解できます。特に近年TV番組では、ジャニーズタレントが多く散見され、音楽・ドラマ・バラエティー等といった演芸番組以外に、ニュースやスポーツ番組までにも出演することが多くなっています。日本中が注目する夏季・冬季オリンピック、サッカーワールドカップ、他のスポーツワールドカップでも、必ずメインパーソナリティーにジャニーズタレントが含まれていることは、多くの人気を集めることができるタレントを、ジャニーズ事務所は創造できていると言えます。

このようなヒットタレント創造の出発点である人材発掘においては、多くの他社が行っているスカウトやオーディション等の一般公募は行わず、事務所に届く応募書類（自薦・他薦は問わない）のみで行っています。どちらかと言えば、積極的にタレント業を切望する人材を待つという受け身の姿勢です。

　またその人材の中から、すぐにデビューさせるのではなく、独自の選考とレッスンをしっかりとそしてじっくりと行い、ジャニーズJr.というグループとして、既にデビューしている先輩タレントのバックダンサーや番組アシスタント等の経験と技術を積ませ、タレントを育成し、デビューさせる方法をとっています。そしてジャニーズ事務所が行っている中心的業務は、タレントの育成・プロデュース・エージェントという企画とマネジメント業務に特化し、ＣＤ作成等は各タレントと専属契約を結ぶ大手のレコード会社に任せ、劇場等の「ハコ物」と呼ばれる施設等も運営していません。

　タレント創造では、男性アイドルに特化し、多くの同業他社や異業種他社が企業発展のために行う多角化戦略ではなく、あまり見られない集中化戦略をとっています。またグループでのアイドルが多いことも特徴の1つです（**表1**）。そしてジャニーズ事務所は、この集中化戦略の下、ジャニーズ事務所の第1号タレントである「ジャニーズ」から、現在最も新しい（２０１４年12月1日現在）「ジャニーズＷＥＳＴ」まで、[8] 継続してヒットタレントを創造し、「ジャニーズ系」という用語で、消費者にイメージが想起できるほどのブランド価値も確立してきた企業です。

表１　主なジャニーズタレント一覧（2014年12月１日現在）

（年）	（タレント）		
1964	ジャニーズ（４人）	1990	忍者（６人）
1968	フォーリーブス（４人）	1991	SAMP（６人）
1969	永田英二，ハイソサエテ（４人）	1993	SAY'S（４人）
		1994	TOKIO（５人）
1970	ジューク・ボックス（４人）	1995	V6（６人）
1971	ハイスパンキー（４人）	1997	KinKi Kids（２人）
1972	郷ひろみ	1999	嵐（５人）
1973	葵テルヨシ	2002	タッキー&翼（２人）
1975	ジャニーズ・ジュニア・スペシャル（３人），豊川誕，リトル・ギャング（２人）	2004	NEWS（９人），関ジャニ∞（８人）
		2006	KAT-TUN（６人）
		2007	Hey! Say! JUMP（10人）
1976	井上純一，殿ゆたか	2009	中山優馬 with B.I.Shadow（５人）
1977	ドルフィン（４人），未都由，VIP（５人），クエッション（４人），森谷泰章，川崎麻世	2010	NYC（３人）
		2011	Kis-My-Ft2（７人） Sexy Zone（５人）
1979	赤木さとし	2012	A.B.C-Z（５人）
1980	田原俊彦，近藤真彦，ANKH（６人）	2014	ジャニーズWEST（７人）
1981	ひかる一平		
1982	シブがき隊（３人）		
1983	イーグルス（５人），乃生佳之，中村繁之，The Good-bye（４人）		
1985	少年隊（３人）		
1987	光GENJI（７人）		
1988	男闘呼組（４人）		

注：カッコ内はデビュー当時の人数。年はメジャーデビュー。

ジャニーズ事務所のタレント創造の基本方針

日系二世のジャニー喜多川は、終戦後の1953年に日本のアメリカ大使館軍事援助顧問の事務職員として、日本へ再来日し、「日本の子どもたちに少年本来の明るさがなく、生きる覇気が感じられない現実に衝撃を受けた[9]」ことで、「少年に夢を抱かせる」目的で、少年野球チームを結成しました。ジャニー喜多川が居住する東京代々木のワシントンハイツ（現在の代々木公園内）内には広大なグランドがあり、その当時の日本の少年には、許可なく使用できないグランドの広さや美しさに、多くの少年が集まるようになりました。

その中にジャニーズタレント第1号の4人（飯野おさみ、真家ひろみ、あおい輝彦、中谷良）の少年がいました。この4人は、当時、野球の対外試合のため作成したユニフォームに縫いつけるチーム名がなかったため、「ジャニー喜多川の作った野球チームだから、ジャニーズというチーム名にしよう」と名付けられた野球チームの名称をそのまま受け継いだ「ジャニーズ」として、1962年に命名され、ジャニーズ事務所のタレント第1号となり、それと同時にジャニーズ事務所が誕生することとなりました[10]。元々ジャニー喜多川は、戦前に渡米先で父親が行っていた布教活動に、当時の日本の有名芸能人が参加し、ショーを行っていたのを間近くで見ており、エンタテイメント事業に関心が強かったと考えられます[11]。これがジャニーズ事務所を設立した経緯です。

このようなジャニーズ事務所を設立したジャニー喜多川は、当時の日本の芸能界に、アメリカ的なエンタテイメント要素を一般化させたいという考えがあり、ミュージカルのできるアイドルを念頭に置いていました。これはジャニー喜多川が、アメリカでエンタテイメントに魅了され[12]、日本でもアメリカのエンタテイメントに負けない「何か」を創りたい、という強い意志を持っていたのではないかと推測します。そして歌って踊れる美少年をコンセプトとしたグループでのアイドルを考えたのです。当時の芸能界は、小林旭、石原裕次郎、吉永小百合等の映画スターが主流であり[13]、歌手も「御三家」と呼ばれた橋幸夫、舟木一夫、西郷輝彦が人気でした。そのため男性アイドルというカテゴリーは存在せず、また歌手は歌、ダンサーは踊りと厳格に区別されているのが当然だった時代に、歌って踊れる男性アイドルは、先進的なニッチ領域であったと言えます。

さらにジャニーズタレントの原点である「ジャニーズ」は、「兄貴的存在（飯野おさみ）」「優しい性格（真家ひろみ）」「良家の子息（あおい輝彦）」「親しみやすい雰囲気（中谷良）」の4つの異なる個性の集合体で「理想の男の子像」を形成する戦略でグループを結成させました。つまりミュージカルをするために、単に人数を集めたグループを作成したわけではないのです。ジャニー喜多川には、「似たような個性は相殺してしまうため、女の子が理想として求める男の子像（アイドル）の欲求を満足させるには4人分の要素が必要[14]」という考えがあり、この考えは、一貫してその後のタレント創造に生かされ、単に人数を集めたグループではなく、個性の異なる集団としてのグループが創造されていきました（表1）。

次に、タレントはゆっくりと時間をかけて創造していく特徴があります。候補となる人材をすぐにデビューさせるのではなく、ジャニーズJr.というグループとして、既にデビューしている先輩タレントのバックダンサーや番組アシスタント等の経験と技術を積ませ、育成しながらデビュー時期を模索しているのです。ジャニー喜多川には、「本物のエンタテイナーになるには時間がかかる」[15]という考えがあり、質の高いプロフェッショナルになるまでは、主に活動するタレントとして市場には出さないという、エンタテイメント市場（顧客）への敬意と質の高いタレントを市場に出したいという高い志が存在すると考えられます。

最後に若い時は学業優先という方針でタレント創造を行っています[16]。このことにより、多くの時間を芸能活動に注ぐことができなくなるため、若い時は、ジャニーズJr.というグループとして、バックダンサーや番組アシスタント等の活動を行わせているのです。またこのことは、エンタテイナーとしての技芸を身に付けるだけでなく、学業において素養や高い見識を得ることによって、人間的な成長も必要と考えているからです。このような方針の成果は、芸能人としての技芸の高さだけでなく、人間としての魅力度アップに繋がり、ジャニーズタレントの高い好感度や様々なTV番組からの出演依頼の多さに現れていると言えます。近年では都内の有名大学に在籍するジャニーズタレントが増加しています。

ジャニーズ事務所のビジネス戦略の特徴

ジャニーズ事務所のビジネス戦略の特徴をまとめると、以下の5点に集約できます[17]。

①「歌って踊れる」新しいアイドルの確立

②アイドル像の適切な拡張
③アイドルタレントのイノベーション
④個性の異なる集合体の創造
⑤ジャニーズJr.というタレント創造方法

①の「歌って踊れる」新しいアイドルの確立は、歌って踊れるアイドルというニッチ領域を探し、その市場を確立したことで、他社の追随を受けず、競争優位を得られていることです。②のアイドル像の適切な拡張は、ジャニーズタレントは、歌うだけでなく踊れ、踊れるだけでなく芝居もでき、芝居だけでなくバラエティーもこなす等と、活動できる領域を拡張し、市場規模を拡大できていることです。しかも「憧れとなる美男子」から「クラスにいる人気者」に、アイドル像（ブランドポジショニング）の再定義を適切に行い、市場に受け入れられる矛盾のない拡張ができていることです。

③のアイドルタレントのイノベーションは、最初に、歌って踊れるアイドルという小さい市場であるニッチ領域から入り、タレントに歌だけを求める、又は踊りだけを求める大きな市場のローエンドで求められる性能レベルであったジャニーズタレントに、持続的なイノベーションを行い（この性能レベルを向上させ）、やがて破壊的なイノベーション（タレントに歌だけを求める、又は踊りだけを求める大きな市場のハイエンドで求められる性能レベルにジャニーズタレントが到達することで、専業とする歌手、ダンサー、俳優、お笑いタレント等よりも、ジャニーズタレントが選好

されること）を起こし、破壊的新規事業を実現させていることです。[18] このことで、新たな成長を生み出す事業が築けており、持続的な成長が得られています。

④の個性の異なる集合体の創造は、女性の求めるアイドル像の飽くなき探究であり、多様なニーズに対応できていることです。⑤のジャニーズJr.というタレント創造方法は、確実にそして継続的にヒットタレントを創造する仕組みができているということです。またヒットタレントが誕生するごとに、ジャニーズJr.というタレント創造方法の広がりも増加し、ヒットタレント創造のスパイラルが形成されています。

以上のように、①～⑤のジャニーズ事務所のビジネス戦略の特徴によって、ジャニーズ事務所の優良性が導かれていると考えます。さらにジャニーズ事務所には、この戦略を実現するための下支えとなる、事業活動、情報、意思決定に関する以下の3つのマネジメントが堅実に行われていることが挙げられます。

①事業活動におけるＰＤＣＡ（Plan（計画），Do（実行），Check（評価），Act（改善））サイクルを適切に回し続けている

②長けた情報収集・整理・分析・考察による体系化されたデータベースの構築

③相反する課題の実現

①の事業活動におけるＰＤＣＡサイクルを適切に回し続けていることによって、今までに無い新しい提案や方法が考えられたり、信じられない思い切った意思決定ができているのです。たのきん

トリオをドラマに、ＳＭＡＰをバラエティーに出演させたこと等も、ＰＤＣＡを適切に回し続けていなければできなかったことです。また広報の仕方が優れているのも、ＰＤＣＡが明確にその手段や到達点を指し示しているからだと考えます。またＰＤＣＡサイクルを回すごとに、次のＰには新しいやり方や提案が組み込まれています。つまりただ回すだけでなく、事業活動の質を向上させようとしており、この繰り返しを行っているジャニーズ事務所のビジネスは、必然的に上昇サイクルになります。さらにＰＤＣＡも一度回すだけでなく、回し続けていることが長けたところであり、それが「歌って踊れるアイドル」「クラスにいる人気者」等の新しいアイドルイメージの確立や、ジャニーズ系という言葉から、容姿やイメージまでも想起させる適切なブランドマネジメントに繋がっていると考えられます。

そしてジャニーズ事務所のＰＤＣＡサイクルを支える原動力が、②の長けた情報収集・整理・分析・考察能力で、これを体系化したデータベースにしていることが優れている点です。そのため何か危機が生じても、その危機に対応するための対策が、データベースを有効活用して適切に導出されています。特にジャニーズ事務所の優れているところは、危機が生じてから情報収集・整理・分析・考察等を行うのではなく、日々このことが行われ、データベースが構築されていることによって、危機対応への処理が早く、環境変化に素早く反応できることです。しかしこのことは残念ながら、ジャニー喜多川の頭の中だけで実現されていることであり、組織システムとして実現できているとは言い難いです。よってこのようなカリスマ経営者がいなくなっても、同様なことができるように、この仕組みを企業内に組み込む必要があります。

最後に③の相反する課題の実現によって、費用を軽減させながら生産性を向上させることができています。「質の高いタレントを創造するためには、時間とお金がかかる」「学業を優先させるためには、ヒットするための芸能活動時間が制限される」「個々での活動を拡大すると、グループの認知が希薄する」等という、相反する課題を両解決することで、生産性を上げながら、時間やコストを軽減でき、他社の追随や模倣を困難にさせています。

おわりに

ジャニーズ事務所は、「準備万端」「チャレンジ志向」という経営体質を生かし、環境変化へ柔軟に対応しています。また芸能ビジネスは、才能や技芸と呼ばれる特殊な総合芸術を価値として提供するため、マネジメントがしづらいと考えられていましたが、ジャニーズ事務所は管理方法が優れており、適切にマネジメントできていると考察できます。そしてこれだけの素晴らしい経営ができるのは、仕組みや方法論が優れているだけではなく、経営者が「日本でも、アメリカのエンタテイメントに負けない何かを創りたい」や「日本の少年に夢を抱かせたい」という、壮大なる夢や希望を持ち続けているからだと考えます。

【注】

（1）富士フィルムは複写機・プリンターから医療・液晶へ、日清紡ＨＤは自動車部品から太陽電池製造装置へ、セブン&アイHDはスーパーから銀行へ、ワタミは外食から介護へ、Appleはパソコンから携帯電話へ等、創業時の事業から主力事業が変化しています。日本経済新聞（2009）を参照。

（2）江木（1997）を参照。

（3）2006年4月1日に「所得税法等の一部を改正する等の法律」が施行され、法人税を含む公示制度が廃止されたため、2006年版より最新の公的な情報が得られなくなりました。そのため2005年版のデータを最新情報として、過去3年分を示しています。財務省編（2006）を参照。

（4）週刊ダイヤモンド編（2003）、週刊ダイヤモンド編（2004）、週刊ダイヤモンド編（2005）より作成。

（5）歌手やタレントの人気度合いを測る1つの指標として、オリコン株式会社が公表するシングルCDやアルバムCD売上枚数が挙げられます。小池（1997）を参照。

（6）ORICON STYLE（2010）を参照。

（7）同上。

（8）ジャニーズ研究会（2006）、Johnny & Associates（2011）を参照。なおジャニーズ事務所でのデビューとは、CD発売日を指します。そのためCD（CDが存在しない時代はレコード）発売以前から活躍していても、デビュー前の活動として扱います。

（9）小菅（2007）を参照。

（10）天馬（2002）を参照。

（11）小菅（2007）を参照。

（12）西条（1999）を参照。

(13) 野地（2006）を参照。
(14) 小菅（2007）を参照。
(15) 同上。
(16) 同上。
(17) 丸山（2011）で、5つに集約したプロセスを詳しく考察しています。
(18) クリステンセンは、トップ企業が収益性の高い顧客ニーズばかりに対応している間に、ニッチ領域から参入した後発企業の持続的イノベーション（持続的技術に基づき既存製品の性能を向上させる）によって、市場のハイエンドで求められる性能レベルに到達するという破壊的イノベーションが起こることで、トップ企業が逆転するという、「イノベーションのジレンマ」という現象を指摘しています。Christensen（1997）を参照。

【参考文献】


江木俊夫（1997）『ジャニー喜多川さんを知っていますか』ＫＫベストセラーズ。

ORICON STYLE（2010）「過去ランキング特集」

http://www.oricon.co.jp/music/special/rankingback/index.html/

小菅宏（2007）『「ジャニー喜多川」の戦略と戦術』講談社。

小池聰行（1997）『オリコンの法則』総合法令。

西条昇（1999）『ジャニーズお笑い進化論』大和書房。

財務省編（2006）「第164回国会における財務省関連法律」

http://www.mof.go.jp/houan/164/houan.htm/

ジャニーズ研究会（２００６）『新版ジャニーズＯＢ大全』鹿砦社。

Johnny & Associates（２０１１）「Johnny's net」http://www.johnnys-net.jp/

週刊ダイヤモンド編（２００３）「法人申告所得ランキング日本の会社ベスト7万１９９９社」『週刊ダイヤモンド別冊』7月号、１１６ページ、ダイヤモンド社。

週刊ダイヤモンド編（２００４）「法人申告所得ランキング日本の会社ベスト7万１０７６社」『週刊ダイヤモンド別冊』7月号、１１８ページ、ダイヤモンド社。

週刊ダイヤモンド編（２００５）「法人申告所得ランキング企業番付7万５３１４社」『週刊ダイヤモンド別冊』7月号，１２２ページ、ダイヤモンド社。

天馬飛呂志（２００２）『不滅のアイドル王国』ブックマン社。

日本経済新聞（２００９）「企業の稼ぎ頭交代」『7月26日朝刊』日本経済新聞社。

野地秩嘉（２００６）『芸能ビジネスを創った男』新潮社。

丸山一彦（２０１１）「ジャニーズ事務所のビジネスシステムに関する研究」『和光経済』第43巻第２・３号、55－75ページ、和光大学社会経済研究所。

Christensen, Clayton M.（1997）*The Innovator's Dilemma*, Harvard Business School Press.

コラム

身近な人生の選択

大野幸子

ある日の昼休み。大学生のA君は学食の前で悩んでいました。「かつカレー（￥360）と鮭定食（￥340）、どっちにしよう」……パンでもパスタでもなく白いご飯が食べたいのは確かだ。じゃあ、かつカレーと鮭定食、今どっちが食べたいか？　昨日の夕飯はハンバーグ、昼はパンだったたなぁ。うーんどうしよう……。決めかねるA君がふとレジの方を見ると、手書きの広告が目に入りました。『かつカレー（￥360）。野球部優勝のため〝ただ今カツ増量中〟』。A君は、その日の昼ご飯をかつカレーに決めました。

このような状況は皆さんも経験したことがあるかもしれません。A君は、手書きの広告をきっかけに、昼ごはんを決めることができました。増量中というメッセージに惹かれたからです。

私たちの人生は、日々選択の連続です。選択とは何も就職や結婚といった人生の一大事だけではありません。昼ごはんのメニューであることもあれば、ショッピングで白色か黒色のシャツかで悩んだり、携帯を買う際には機種や契約会社をどこにするかで悩んだりします。モノを買うという行動は、私たちのとても身近な選択行動と言えます。別の角度から考えると、私たちは日々多くの選択肢から自分にとって最良の一つ（ないし複数）を選択しなくてはならないのですから、とても忙しくもあります。

Ａ君の例では、手書きの広告（ＰＯＰと言います）が選択の決め手となりました。このように、モノを作る企業や売る店は、日々選択をする私たちに向け多くのコミュニケーションを発信しています。例えば、ＣＭや雑誌などの広告は製品を伝えるための企業側のコミュニケーションですし、お店側のＰＯＰや商品の陳列等も私たちの選択の決め手となるコミュニケーションの１つです。

皆さんも身近な人生の選択を振り返ると、思い当たることがいくつかあるかもしれません。

第３章

ビジネススクールと日本的経営

金　雅美

逆境のなかのビジネススクール

●ビジネススクールってなんだろう

ビジネススクールを卒業すると、ＭＢＡ（Master of Business Administration：経営学修士）という学位を取得することができます。それをもっていると、世界のビジネス界では、経営のプロフェッショナルとして働けます。もともとＭＢＡはアメリカのもので、１９０８年に大学院レベルでハーバードビジネススクールが建設されたのが始まりです。アメリカではビジネススクールが、６００～８００校も存在します。

日本ではつい最近のことで、２０００年の「専門大学院」制度と２００３年の「専門職大学院」制度が制定されると、ビジネススクールの建設が一気に加速します。「ビジネススクールブーム」を引き起こすのです。今では１００校程度が存在します。そんなビジネススクールの入試倍率（実質倍率）は、一般に公表しているのは全体の半数だけで、その平均は1・5倍程度です。公表していないのは、入学定員割れの可能性が高いからでしょう。

日本でMBA学位を取得する方法はたくさんあります。①日本の大学大学院（専門職大学院、大学院、株式会社大学院）、②外国大学日本校（海外大学日本校）、③オンライン教育（ウェブを通して授業を受ける方式）で取得することができます。株式会社大学院には、グロービス経営大学大学院やビジネス・ブレークスルー大学大学院などがあります。外国大学日本校とは、アメリカやヨーロッパのビジネススクールが日本に開設したプログラムのことです。オンライン教育には、日本事務局があるものとないものがあります。ないものに関しては、海外のビジネススクールに直接入学することになります。

●優良ビジネススクールと限界ビジネススクール

日本では社会や企業でMBA学位が通用しにくいという一般常識があります。しかしそれは、MBA学位を発行する日本のビジネススクールがだめだというわけではありません。ビジネススクールのなかでも格差が広がっています。人気のあるところとだめなところの差が、とても大きいのです。

ビジネススクールはその入試倍率（実質倍率）を基準として、「優良ビジネススクール」「準限界ビジネススクール」「限界ビジネススクール」「消滅ビジネススクール」の4つに区分できます。

優良ビジネススクールとは、創立以来、入学定員割れが一度も起きたことがなく、学生の確保が継続してできているところです。準限界ビジネススクールとは、入学者数が過去3年間減少し、その間に入学定員割れが起きてしまったところです。将来的には、限界ビジネススクールの予備軍的存在になっています。限界ビジネススクールとは、過去から入学者数が減少し、入学定員割れが3年以上続いている、または創立当初から入学定員がうまっておらず、減少し続けているところです。消滅ビジネススクールとは、学生の募集を停止したビジネススクールのことです。たとえば、日本大学大学院（グローバル・ビジネス研究科、グローバル・マネジメント専攻）は、２０１３年度が学生募集の最終年度であったため、消滅ビジネススクールに当てはまります。

優良ビジネススクールと限界ビジネススクールは、その戦略も授業内容もリーダーシップも、なにもかもが異なっています。優良ビジネススクールは今後も、日本のビジネススクールを引っ張っていくでしょう。準限界および限界ビジネススクールはよほどがんばらないと、今後の生存が危ないところです。

実際に入試倍率が分かっているビジネススクールを4つのカテゴリーに当てはめてみると、優良ビジネススクールがそれほど多いわけではありません。半数以上のビジネススクールが、準限界および限界ビジネススクールに陥っています。

●ビジネススクールに関する新事実

実際のビジネススクールは、世間一般に考えられている姿とは違います。世間でまかり通っている虚像ではなく、その実像を以下でまとめてみましょう。

第1に、ビジネススクールにはパートタイムとフルタイムの形式があります。しかし実際は、平日夜間と週末に授業が行われるパートタイムの学生がほとんどです。それもパートタイムの学生の場合、フルタイムの学生に比べて、勉強時間が圧倒的に少ないのは当然のことでしょう。

第2に、優良ビジネススクールといわれるところは、研究ベースの実学的な教育方法が取られています。たとえば、修士論文（課題論文）を必修にする、基本文献の精読をするなど、とてもアカデミックです。専任教員には、ビジネス経験と学術経験の両方を兼ね備えた教員が多いという特徴もあります。たとえば、「教員の種類をアカデミック経験者、ビジネス経験者、コンサルタント出身で、その割合を1対1対1に保ちたい。これは学生のニーズに対応するためだ。実務家（ビジネス経験者）は先生としてパンチがあり、コンサルタントはプレゼンなどがうまい。彼らは実務家ほどの深刻さはないが、軽いノリがあるので必要な教員で教え方もうまい」という、優良ビジネススクールの教員の意見があります。

第3は、それぞれのビジネススクールには、ユニークな戦略がみられることです。たとえば、地元企業の後継者育成に焦点をあわせる、授業は土日だけ（ウィークエンドＭＢＡ）、教員のほとんどを占める実務家教員の半数強が博士号をもつ、国際認証を重視する、社会経験ゼロの学卒者が学生である、税理士試験と医療経営に焦点を合わせる、近くの有力ビジネススクールとの競争をさける、その大学の倫理を重視する、中小企業診断士とＭＢＡ学位の取得を可能にすることなどです。なるほどと思われるユニークな戦略ばかりです。

第4は、入学定員割れがつづくビジネススクールが、半数を越えていることです。入学定員割れを起こしているビジネススクールには、学生・教員・事務・設備の劣化を起こすなど、その存在意義に疑問を持たれるところが少なくありません。準限界および限界ビジネススクールが多い理由には、専門職大学院の制度に便乗してスタート、明確な方針・戦略の欠如、リーダーシップ不足、教員のコミットメント不足、貧弱な教育施設・管理体制、学部・大学院に付随的なためなどの理由があります。

第5は、日本語での授業に比べて、英語では質の低下が生じるので、日本語で授業する場合がほとんどです。英語がネイティブではない教員が日本人に英語で教える場合、または学生が日本人である場合には、日本語での授業に比べて授業の内容が格段と落ちます。また、ビジネススクールにおける外国人の学生は少数であり、ビジネススクールの国際展開はほとんどありません。

第6に、ビジネススクールの学校数、受験者数、卒業者数は増えていません。逆に減っています。ビジネススクールはすでにピークアウトしたようです。一時的に受験者数が増えることはあっても、年度によって学生数に波があります。

ビジネススクールと日本的経営

●少ないMBAホルダーの管理職

日本にはどのくらいのMBAホルダーの管理職がいるのでしょう。それを示すデータ（小池、猪木　2003）があります。そのデータによると、日本の大学卒の管理職の比率は84・3％、アメリカでは32・7％、ドイツでは39・9％です。そして日本の大学院卒の管理職の比率が1・9％であるのに対し、アメリカは60・9％、ドイツは11・3％です。なかでもMBAホルダーの管理職の比率は、アメリカでは37・0％、ドイツが11・3％であるのに対し、日本ではたった0・7％です。

なぜ日本のMBAホルダーの管理職の比率は、アメリカやドイツのMBAホルダーの管理職の比率と比較にならないほど低いのでしょう。なお、アメリカやドイツでは、MBA学位はビジネススクール以外の大学院の学位の上に取得されるという特徴があります。

●MBAホルダーと日本的経営

MBAホルダーの管理職が日本で少ない理由の一つとして、MBAホルダーと日本的経営の不適合性があります。日本的経営のなかでは、MBAホルダーは活用・優遇されにくいのです。

ところで、MBAという言葉を皮肉ったMWAという言葉があります。これは“Master of Working Around”という言葉の略語で、現場を歩き回る経営という意味です。机にしがみついて仕事をするホワイトカラー的なイメージが強いMBAホルダーに対して、もっと現場に顔を出して自分の足で学んでこいという、日本的な経営の一面を示した言葉です。

MBAホルダーとの関係で日本的経営といった場合、それは新大卒一括採用、終身（長期）雇用、内部昇進、年功序列、平等主義、現場主義、ボトムアップ、普通人の経営（全員経営）などを指します。第2次世界大戦後から長年にかけて培ってきた古典的な日本的経営の強みが、MBAホルダーの活用にとっては弱みになってしまう矛盾です。

さらには、日本的経営では日本語を使用するという点も、世界では通用しにくい理由の一つです。国際経営でも日本語を使う場合がほとんどです。日本のビジネススクールで使用されている言語も日本語です。日本語の小さな世界に対して、英語の大きな世界でのＭＢＡホルダーの活躍が期待されるなか、日本語で学ぶビジネススクールを卒業したＭＢＡホルダーは、世界では通用しにくいのです。

日本の大学学部とアメリカのビジネススクールは、機能等価だと考えられる点も加えておきましょう。日本では企業は人材を大学学部から獲得するのに対し、アメリカでは企業は人材をビジネススクールから獲得するのが一般です。それは日本の高校・大学学部の差が、アメリカの大学学部・ビジネススクールの差に相当することでもあります。

●ＭＢＡホルダーは日本的経営を変えるか

「今は少数でも、日本のビジネススクールが優秀なＭＢＡホルダーを育成して、数十年後に彼らが日本をリードするような経営者になっていけば、ＭＢＡホルダーの数も増えて、日本的経営を変えていく可能性がある」というのは、ある優良ビジネススクールの教員の意見です。

一つの比喩を用いて、ＭＢＡホルダーと日本的経営との関係を説明してみましょう。ある川に橋がかかっていたとします。その橋を最初は少数のＭＢＡホルダーが渡っていましたが、長年にわたり橋に変化はありませんでした。しかし、毎年少しずつＭＢＡホルダーの数が増えていくと、その橋はどうなるのでしょう。

ある一点を境に、多くなったＭＢＡホルダーの体重を支えきれなくなり、川に落ちてしまいます。その一点にぶつかったとき、橋は一気に崩れ落ちるのです。橋の構造を変えなければ、橋は橋の役割を担わなくなります。

この橋を日本的経営と考えてみましょう。雇用しているＭＢＡホルダーが少数のうちは、組織にも経営にも変化はほとんどみられません。しかしＭＢＡホルダーがだんだんと増えていくうちに、かれらは少数ではなくなっていきます。それと当時に、彼らを支える日本的な組織やシステムが限界を迎えていくのです。そんなある日、日本的な組織やシステムは崩壊してしまいます。変わらざるを得ない状況に追い込まれる日は、突然やってくるのです。

アメリカのビジネススクール

●草の根スクールのサバイバル

アメリカのビジネススクールは、学生の獲得に影響を及ぼすランキングにとても敏感です。我々が良く知っているランキングのトップ30以外のビジネススクールにも、ウェブ雑誌であるビジネスウィークのランキングには、'Second Tier'（26校）、'Not-Ranked U.S.'（19校）、さらには'Not Considered for Ranking U.S.'（１０１校）というビジネススクールあります。それ以外にも、地域に密着しているビジネススクールが多数存在します。アメリカにはビジネススクールが８００校程度あると考えると、残りは６２０校程度（計算式は、「８００校－（トップ30＋'Second Tier'（26

校）＋'Not-Ranked U.S.'（19校）＋'Not Considered for Ranking U.S.'（１０１校））」です）になります。そこで、'Not Considered for Ranking U.S.'（１０１校）に属するビジネススクールを「ミドルスクール」、地域に密着している多数のビジネススクール（６２０校程度）を「草の根スクール」と呼んでいます。

毎年一定の学生を継続的に確保できている日本の少数の優良ビジネススクールではなく、入学定員割れを起こしているような多数を占める準限界および限界ビジネススクールの生存や再生のための手掛かりとなるのは、アメリカのトップ30のランキングに含まれるような「エリートスクール」ではありません。知名度は少なくても、個々がユニークで、独特の戦略で長い歴史の荒波を乗り越えてきた「ミドルスクール」や「草の根スクール」の方でしょう。

●3校のサバイバルの例

アメリカのニューイングランド地方にある3校のビジネススクール（「ミドル」と「草の根」スクール）のユニークなサバイバル戦略の例を紹介しましょう。

「草の根スクール」である Endicott College（エンディコット大学）, Van Loan School of Graduate and Professional Studies（マサチューセッツ州）（**写真1**）では、低価格戦略がとられています。1年間のフルタイムで2万5千ドル、パートタイムで2万1千ドルという安い学費が魅力です。ビジネススクールで教える教員の全員がパートタイムであり、1年間に1科目を教えるのに１人３万ドルしかかかりません。ビジネススクールの校舎は、以前に大学で寮として使用していた建物を大

写真 1　Endicott College, Van Loan School of Graduate and Professional Studies
エンディコット大学のビジネススクール

写真 2　Southern New Hampshire University, Master of Business Administration
サウザン・ニューハンプシャー大学のビジネススクール

写真 3　University of Massachusetts Amherst, Isenberg School of Management
マサチューセッツ大学アマースト校のビジネススクール

学院用として改築し、最低限のフルタイムの職員を雇っているだけという安い経費です。ビジネススクールは学部から独立して運営していますが、２００4年の創立以来ずっと黒字です。ビジネススクールはほかの修士学位のプログラムよりも人気が高く、はかるかに多くの利益を生み出しています。

「草の根スクール」であるSouthern New Hampshire University（サウザン・ニューハンプシャー大学），Master of Business Administration（ニューハンプシャー州）（**写真2**）では、学生はフルタイム、パートタイム、オンラインを組み合わせて授業を受けられることが魅力です。キャンパスでも午前、午後、夜間と、1日3回に分けて異なる授業を行っています。州内で規模がもっとも大きく、75年前に会計スクールとして創立された歴史をもつ古いビジネススクールであるため、学生は幅広い種類の科目が受けられます。しかもそれは1年間で、3万8千ドルという安い学費です。

「ミドルスクール」であるUniversity of Massachusetts Amherst（マサチューセッツ大学アマースト校），Isenberg School of Management（マサチューセッツ州）（**写真3**）では、フルタイムの学生全員に対するアシスタンシップ制度（学費すべての奨学金）と、少数精鋭による入学制限（毎年35人）という戦略が取られています。学費はフルタイム（2年間）の場合、州内からの学生は2万8千ドル、州外からの学生は5万2千ドルです。フルタイムにはアシスタンシップ制度があるため、入学するための競争倍率がかなり高く、一流のビジネススクールに入学するような質の良い学生が集まります。

●オンライン教育の台頭

これら3校は、すべてオンライン教育を行っていますが、なかでもオンライン教育の成長が早いSouthern New Hampshire University と、その歴史が古い University of Massachusetts Amherst の対照的な試みを紹介しましょう。

Southern New Hampshire University は、２００９年に開始したオンライン教育の成長が目覚ましく、利益率と学生数が毎年約2倍の速度で増加しています。オンライン教育はキャンパスの大学とは別に運営されており、そこのＣＥＯは企業からヘッドハントされた人材です。オンライン教育で得た利益のほとんどはキャンパスに回され、新しい校舎を建築し、奨学金に利用されています。

大規模なオンライン教育が存在することが、キャンパスの学生に選ばれる理由にもなっています。オンライン教育を始めてから、キャンパスでもビジネススクールへの入学者数は毎年増加しています。オンライン教育は通学費や教材面でも安く済むため、学費を節約したい学生にとっては魅力的な手段です。

University of Massachusetts Amherst では、オンライン教育はすでに14年の歴史があります。最近はオンライン教育が急成長しています。典型的なオンライン教育の学生は、30代半ばから40歳くらいで、幅広いキャリアをもつプロフェッショナルです。また学生の30％は、すでにＭＢＡ学位以外の修士学位をもつ人々です。

オンライン教育では、キャンパスで教える教員が兼任しています。質の維持を重視していることが、オンライン教育を成功に導いたと考えるからです。このオンライン教育の高い利益が、フルタイムの学生全員のアシスタンシップ制度の全額を賄っているのが実情です。

近年のアメリカにおけるオンライン教育の普及と進化には、目覚ましいものがあります。オンライン教育は、キャンパスのビジネススクールが抱えやすい、パートタイムやフルタイムの通勤形態、高い費用、教員の獲得、英語や日本語という語学の問題などを解決しやすくします。しかしPC上の仮想空間である分、仮想空間上の図書館や教材開発、サポートスタッフの育成なども含めて、キャンパスとは異なるマネジメントが必要になります。

入学してくる学生の多くが異業種間での人脈の形成を重視する日本のビジネススクールが、オンライン教育を受け入れるには時間がかかるでしょう。そこには多くの文化の壁が存在するからです。

限界が本質を明らかにする

●将来の3つの分かれ道

今後、ビジネススクールと日本的経営の関係はどうなっていくのでしょう。その進む先には3つの選択肢があります。

1つ目の選択肢は、日本的経営は変わらないというものです。MBAホルダーの数がどんなに増えようが、日本的経営は変わらずに存在し続けるのです。MBAホルダーの人数と橋の話で例えると、橋の上に乗っているMBAホルダーの人数が増えて、当然その橋は崩れていきます。橋は崩れるままで、その基本的な構造やシステムはなにも変わりません。

2つ目の選択肢は、MBAホルダーが日本的経営を変えていくというものです。MBAホルダーの数が増えていけば、それを支える橋の構造やシステムは自ら変わっていかなければ、その橋は崩れてしまいます。

3つ目の選択肢は、MBAホルダーという負荷を支えるために、橋は自らの構造を変えていくのです。MBAホルダーは日本的経営と関わらないというものです。MBAホルダーは日本的経営という橋は渡りません。最近流行の横文字の会社や外資系企業などに活躍の場を見出します。日本的経営と関わる古典的な企業には勤めないのです。

将来、どのような方向に向かうでしょう。希望的には2つ目の選択肢だといいたいところですが、それには時間がかかりそうです。そうなったとしても、橋はある日突然崩れるのです。

●日本のビジネススクールの生存と再生

今後の準限界および限界ビジネススクールの生存と再生に対する若干の提案をしてみましょう。

第1に、限界ビジネススクールを反面教師にすることです。第2に、当たり前のことですが、学生に勉強させることです。第3に、教員の意識を変え、コミットさせることです。第4に、研究ベースのビジネススクールにすることです。第5に、ビジネススクールが日本的経営を変える可能性があることを考慮することです。第6に、卒業生を就職させるための市場開拓をすることです。古典的な日本企業ではなく、新興・IT・専門サービス・外資系などの企業や、役所・学校・病院などの非企業です。第7に、利益率が高いオンライン教育の導入を考えることです。

最後に、日本のビジネススクールは縮小しつつある法科大学院のようになるかという問題があります。たとえば、弁護士の数にしても、アメリカと日本では大きな差があります。日本はアメリカの弁護士のありかたに近づいていくと予測し、ロースクールを多く建設しました。しかし実際には、日本の弁護士の実需は少なく、期待されたほどには増えていません。さらには、弁護士の就職難まで発生しています。

法科大学院の淘汰が始まっており、その勢いは止まりません。日本の弁護士は期待されたほどには増えておらず、実需も多くはないのです。ロースクールの建設に関しても、ビジネススクールと同じように、実需・市場を無視した政策と、それに便乗した大学の責任が大きいのです。この点においては、ロースクールとビジネススクールは類似しています。

【参考文献】

小池、猪木（２００３）*College Graduates in Japanese Industries*、日本労働研究機構。

金雅美（２００２）『派遣ＭＢＡの退職』学文社。

金雅美（２００４）『キャリア・エンジンとしてのＭＢＡ』学文社。

金雅美（２００７）『ＭＢＡのキャリア研究：日本・韓国・中国の比較分析』中央経済社。

金雅美（２０１５）「日米ビジネススクールの現状と課題」『東西南北２０１５』和光大学総合文化研究所年報、１４６―１６９ページ。

吉原英樹、金雅美（２０１５）“Japanese Business Schools: Adaptation to Unfavorable Environments”『国際ビジネス研究』第7巻第1号、15―30ページ。

コラム

共に創るということ
新たな価値創造の考え方「共創：Co-Creation」

平井宏典

残念ながら企業と私たちの関係は一方通行であることがほとんどです。私たちは、企業が想像する「消費者が欲しがっているモノ」を提供され、企業が行う「自分たちの聞きたい項目を並べたアンケート」に答え、その結果がどうなったのか知る由もありません。私たち消費者は、受動的な立場であり、一方的に売りつけられる存在でしかなく、「買う」か「買わない」かの選択しかできない、というのは言い過ぎでしょうか。しかし、最近、成長する企業の中には新しい動きが生まれつつあります。

iPhoneやiPadといった製品が人気の世界的な企業であるApple。皆さんにとってAppleという企業はカリスマ創業者の故スティーブ・ジョブズ氏が革新的な製品を世に打ち出している企業というイメージではないでしょうか。Appleが成長を続ける理由は、販売の場面にも秘密があるのです。

新型iPhoneの発売日、先頭のお客さんがAppleのTシャツを着たスタッフとハイタッチをしながらApple Storeの中に入っていく映像がニュース等でよく取り上げられます。Apple Storeでは、スタッフが気軽にお客さんと話をしています。

ここでは、製品を売りつけることよりも、お客さんとの交流を大切にしているのです。

Apple Storeのスタッフはこの製品で「こんなことができますよ」、「あんなことができますよ」と、私たちと「体験」を共有してくれます。コールセンターの相手が見えない電話越しのコミュニケーションではなく、Appleというハイテク企業がお客さんとの触れ合いを重視したローテクな店舗を大切にしているのです。

こうして、お客さんと体験を共有して、企業と私たちが双方向で価値を創っていく「共創」という考え方が、成長する企業の新しい形のひとつとして注目されています。つまり、価値を創造するのは企業で、価値を享受するのは私たち消費者という単純な構造は、少し古い考え方になりつつあります。もう私たちは受け身ではありません。私たちも作り手なのです。

第４章

21世紀に入ってからの原油価格と米国におけるシェール・ガス革命

岩間剛一

２０１４年６月をピークとした原油価格の下落

シェール・オイルは、専門用語では非在来型石油（Unconventional Oil）と呼ばれ、サウジアラビアをはじめとした中東で生産される在来型石油（Conventional Oil）とは異なる地質構造から生産される原油として、２０１２年頃からエネルギー専門家の間において注目され、米国における原油生産量が急速に増加してきました（**図1**）。

筆者は、米国を震源地としたシェール・ガス革命、シェール・オイル革命の研究を始めて６年になります。しかし、２０１５年６月時点においても、米国だけでしか成功していないシェール・ガス革命が、これほど驚異的なスピードで世界の資源地図を塗り替え、原油価格に大きな影響を与えると考えたエネルギー専門家は、世界にいなかったといえます（**写真1**）。２００８年の資源エネルギー・インフレーションの時期には、原油価格がＷＴＩ原油価格ベースで、１バレル１４７・27

図１　米国の原油生産量

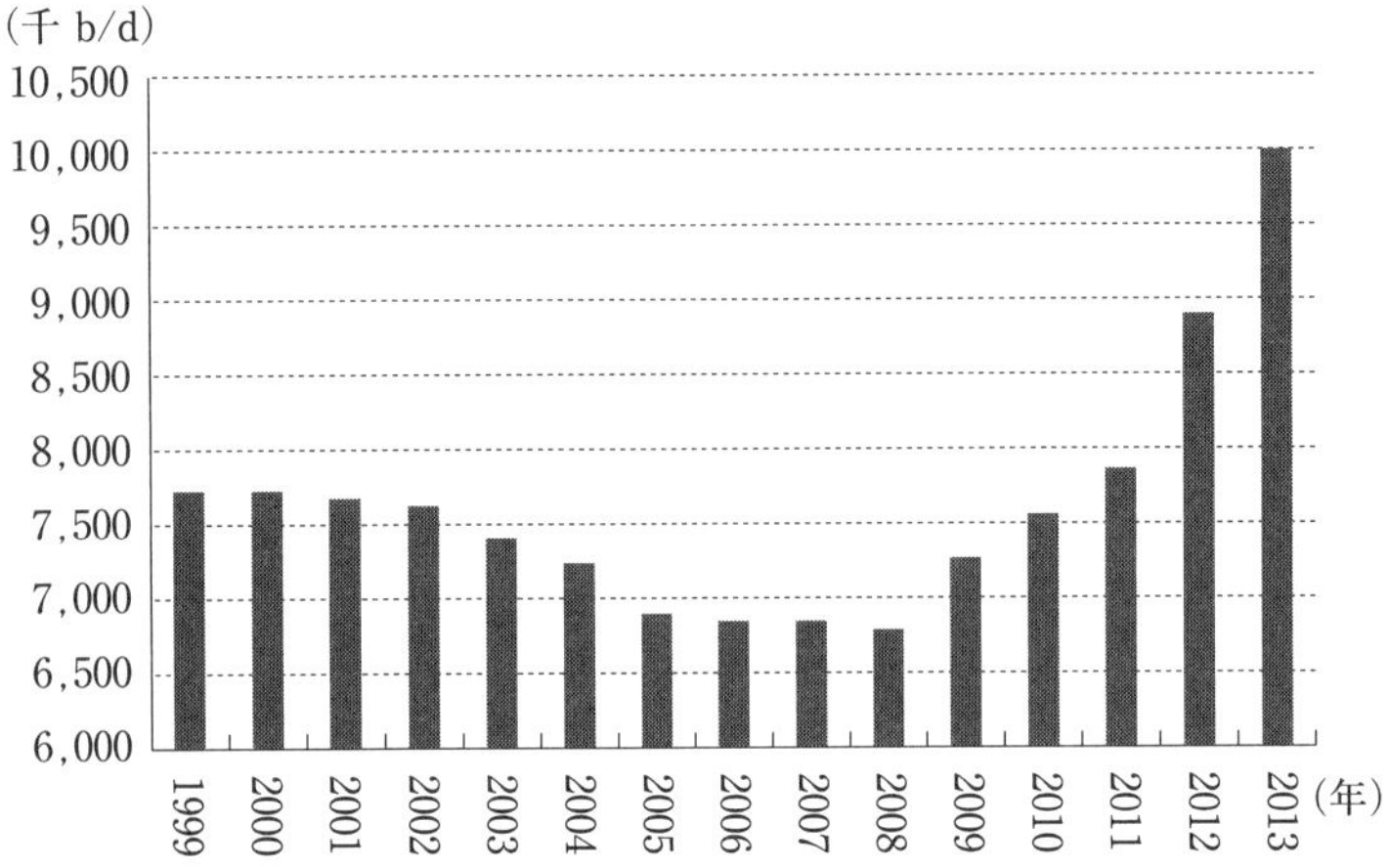

出所：BP 統計2014年６月

ドルまで高騰し、オイル・ピーク論[1]が盛んに喧伝されていました。オイル・ピーク論とは、米国における原油生産量は、減退の一途をたどり、原油価格は天文学的に高騰するという内容でした。米国における資源枯渇論の歴史は古く、米国国内に存在する油田は掘り尽くされ、原油埋蔵量の半分を採取した時点において、原油生産量はピークとなり、その後は減退に向かうという釣鐘型のベール・カーブ曲線の理論が提唱されました。確かに、キング・ハバート氏の予言どおりに、米国の原油生産量は、１９７０年の１０００万b/dをピークに減退を続け、米国の２００８年における原油生産量は、ＮＧＬ（天然ガス液）を除いた原油(Crude Oil) の生産量が５００万b/dまで減退していました。これは、１９７０年の全盛期の半分程度に過ぎません。米国は、１９７０年時点において、世界最大の原油生産国でした。理論的には、キング・ハバート氏をはじめとした石油専門家が提唱したオイル・ピーク論は、米国本土48州の貯留岩という油層に限定した原油埋蔵量と原油生産曲線という点では、当てはまっていたものの、石油を生成する根源岩（Source Rock）に相当する頁岩《けつがん》（シェール）に存在するシェール・オイル資源については妥当する理論ではありませんでした。米国におけるシェール・オイル革命により、従来の石油工学の常識では、頁岩の水の浸透率は、通常の油田の貯留岩と比較して1万分の1しかなく、油田から石油が自噴しないことから、経済的に採取することが不可能とされていた頁岩に存在する石油成分が、経済的に採取できるようになりました。では、２０１４年７月以降の原油価格下落局面において注目されている米国のシェール・オイルとサウジアラビア産原油との違いは何でしょうか。

写真１　進展するシェール・ガス開発

出所：石油天然ガス・金属鉱物資源機構提供

　第１に、原油＝在来型石油（Conventional Oil）、シェール・オイル＝非在来型石油（Unconventional Oil）という名称から、シェール・オイルとは、中東産油国において生産される原油とは異なる特別な石油という誤解を持つ一般の読者も多いでしょう。しかし、中東産油国の原油も米国のシェール・オイルも、どちらも炭素と水素の化合物で、常温・常圧で液体の炭化水素である点は、まったく同じです。ただ、地下における存在状態が大きく異なっているのです。中東産油国の原油とは、粗い砂岩等の貯留層の隙間

図2　油田ごとの発見・生産コスト

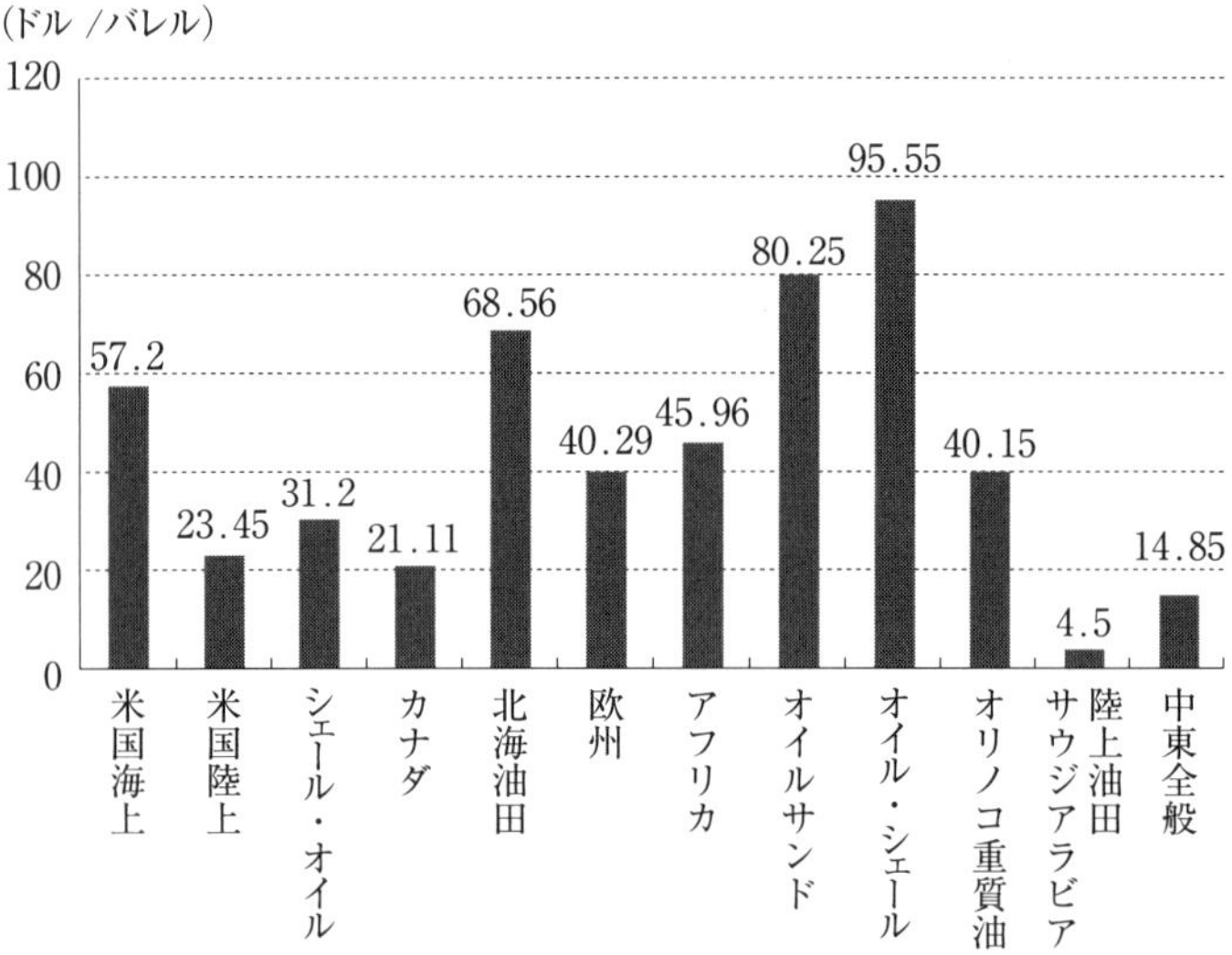

出所：各種専門機関の推計をもとに筆者作成

に存在する石油成分です。それに対して、シェール・オイルは、頁岩という水の浸透率が通常の中東産原油における貯留層の1万分の1程度しかない岩盤層に存在する石油成分です。水の浸透率が極めて低いということは、当然のことながら、継ぎ目のないシームレス・パイプラインで掘削しても、地下の圧力によって石油が自噴することはありません。水圧破砕（フラクチャリング）という高圧の水で岩盤に割れ目をつくり、水の圧力で頁岩中の石油成分を追い出します（フロー・バック）。そのため、中東産油国の在来型石油よりも生産コストが高くなるのです。２０１５年６月時点における石油工学の技術では、原油の生産コストは、中東産原油→シェール・オイル→深海部油田、という順序で上昇します（**図2**）。

図３　米国のナイジェリア産原油・石油製品輸入量

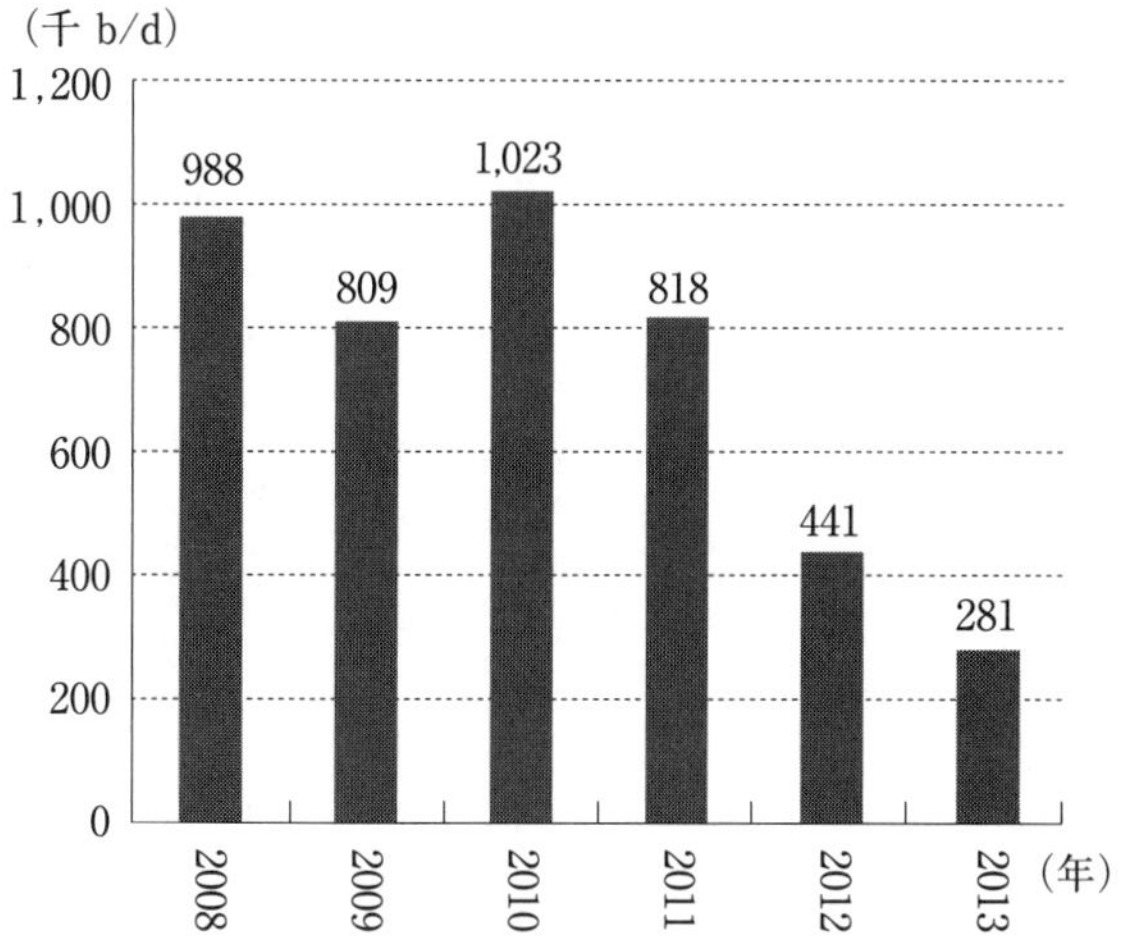

出所：米国エネルギー省エネルギー情報局統計

第２に中東産油国の原油は、一般的にガソリン等の軽い石油製品の得率が低い重質原油です。それに対して、シェール・オイルは、ＡＰＩ（米国石油協会）度32度以上の軽質原油あるいはコンデンセート（粗製ガソリン）というガソリン等の軽い石油製品の得率が高い原油です。

各国に存在する石油精製設備である製油所（Refinery）は、それぞれ輸入する原油のＡＰＩ度に対応した設計になっており、アジア大洋州の大部分の製油所は、サウジアラビアをはじめとした重質原油対応となっています。米国の製油所も大部分は重質原油対応となっているため、サウジアラビア等の重質原油は、直接的には米国のシェール・オイルとはバッティングしません。しかし、米国の軽質原油対応の製油所は、米国国内のシェール・オイルを原料とするようになったことから、ナイジェリアの軽質原油であるボニー・ライト原油の米国向けの輸出は、減少基調となっています（**図３**）。

原油価格の底値の指標となるシェール・オイル

原油価格は、２０１５年4月以降に、ようやく落ち着きを見せ、２０１５年6月時点では、ＷＴＩ原油価格は、１バレル60ドル程度まで回復基調にあります。これは、米国におけるシェール・オイルの生産量が、原油価格の下落によって、頭打ちになると、原油先物市場に参加するヘッジ・ファンド[2]をはじめとした投機資金が考え始めているからです。これまでのＩＥＡ（国際エネルギー機関）をはじめとしたエネルギー専門家の予測では、原油価格が、２０１４年9月時点では１バレル80ドル、２０１４年11月時点では１バレル60ドルを割り込むと、米国のシェール・オイル生産企業の半分以上が採算割れとなり、米国におけるシェール・オイルの生産量が減少し、原油価格下落は止まるとされていました。しかし、２０１５年に入り、ＷＴＩ原油価格が１バレル50ドルを下回っても、シェール・オイルの生産量は、減少するどころか、逆に増加し、原油価格の下落が続いています（**図４**）。

２０１４年6月をピークに原油価格が下落を始めてから、多くのエネルギー専門家の間では、米国におけるシェール・オイルの生産コストに関する議論が行われるようになりました。２０１４年秋時点においては、シェール・オイルの生産コストは、１バレル80ドル程度と高く、原油価格が１バレル80ドルを下回れば、米国のシェール・オイルの生産量は減少し、原油価格の下落は止まると

図４　主要原油価格

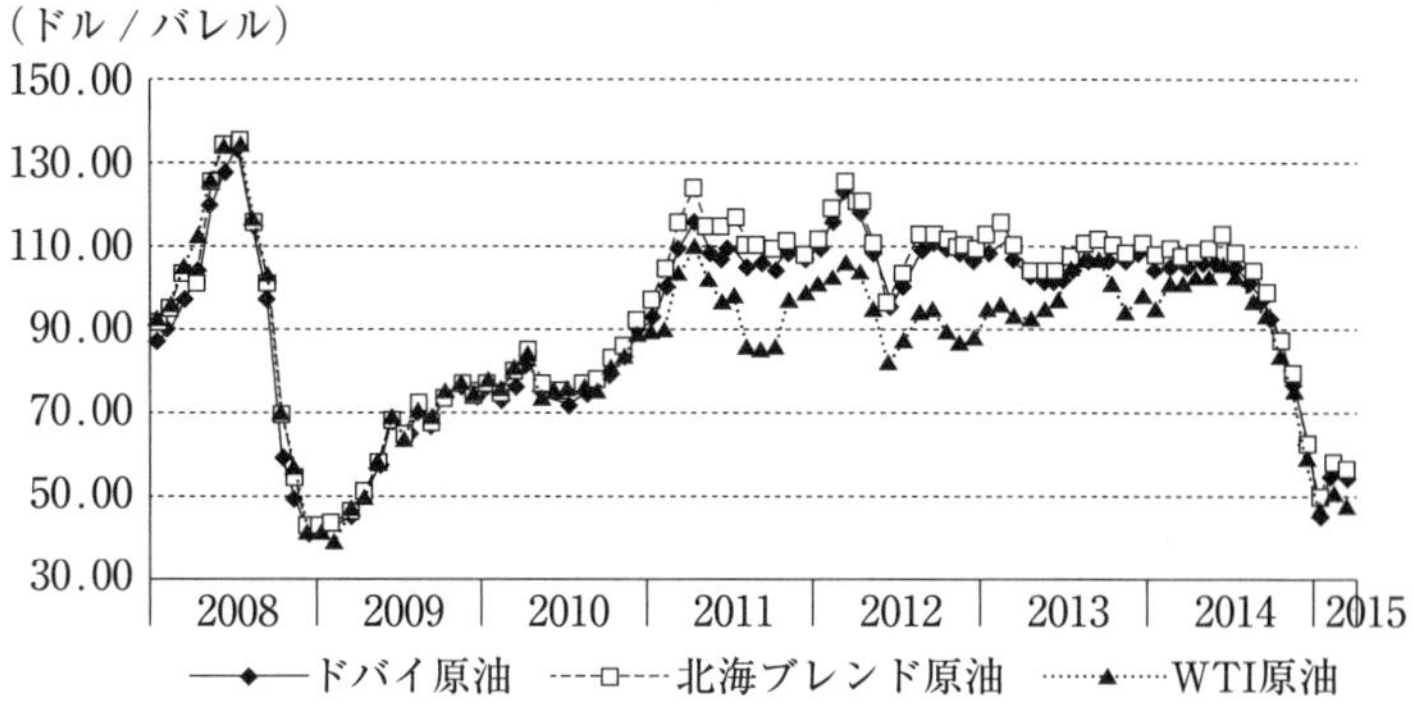

いう楽観的な見方も強くありました。実際に、欧米諸国の投資銀行においては、シェール・オイル・バブルは、早くも崩壊したというリポートが多く発表され、米国における天然ガス価格の下落、原油価格の下落によって、経営破綻する中堅石油企業、シェール・オイル開発権益を売却する企業が一部に出てきました（**表１**）。

２０１３年４月には、米国オクラホマ州の中堅石油企業ＧＭＸリソーシズが、米国における天然ガス価格が下落したために、資金繰りに窮し、経営破綻しています。さらに、２０１５年１月には米国テキサス州のＷＢＨエナジーが、原油価格下落に起因する資金繰り難から、経営破綻となり、大きな話題となっています。その他に、日本の住友商事、丸紅、伊藤忠商事等の総合商社が、米国のシェール・オイルの開発に関連して損失を計上しています。

シェール・ガス・バブルが崩壊したという見解の理由としては、第１に米国における天然ガス価格、原油価格の下落にもかかわらず、シェール・ガス・ブームによって、テキサス州をはじめとして専門技術者が払底していることによる人件

表1　シェール・ガス、シェール・オイル関連の動き

年月	概要
2014年 4 月	伊藤忠商事、シェール権益で290億円の損失計上
2014年 7 月	ホワイトニングが、コディアックを6,000億円で買収
2014年 8 月	シェルが、ルイジアナ州の鉱区を2,300億円で売却
2014年 9 月	エンカナが、アスロン・エナジーを7,600億円で買収
2014年 9 月	住友商事が、シェール・オイルで1,700億円の損失計上
2014年10月	チャサピークがシェール・ガス権益を5,800億円で売却
2015年 1 月	米国シェール・オイル企業ＷＢＨエナジー経営破綻
2015年 2 月	シェブロンがポーランドのシェール・ガス開発から撤退
2015年 4 月	ロイヤル・ダッチ・シェルが470億ポンドでＢＧ買収
2015年 5 月	米国ノーブル・エナジーが21億ドルでロゼッタ・リソーシズを買収

出所：各種新聞報道

費の高騰、資機材費用が膨張し、シェール・オイル開発プロジェクトの採算分岐点が上昇していること、第2に開発条件の良いシェール・ガス、シェール・オイルの構造は、地元企業に独占され、今後開発されるシェール・オイルは、生産コストが高い、地層構造が複雑な鉱区しか残されていないこと、等が挙げられています。

しかし、シェール・ガス、シェール・オイルもリスクを伴う地下の資源開発であるという面は、通常の油田開発と同じであり、井戸の掘削の結果、経済性のあるシェール・オイル資源が発見できなかったということは確率論的には当然あります。21世紀の今も、人類の持っている技術は地下数千メートルのことも、正確には把握できないのです。また、これまでに経営破綻した企業であるＷＢＨエナジーの負債総額も、５０００万ドル（約60億円）程度と小規模であり、現時点では、原油価格の暴落が、シェー

図５　米国のシェール・オイル生産量

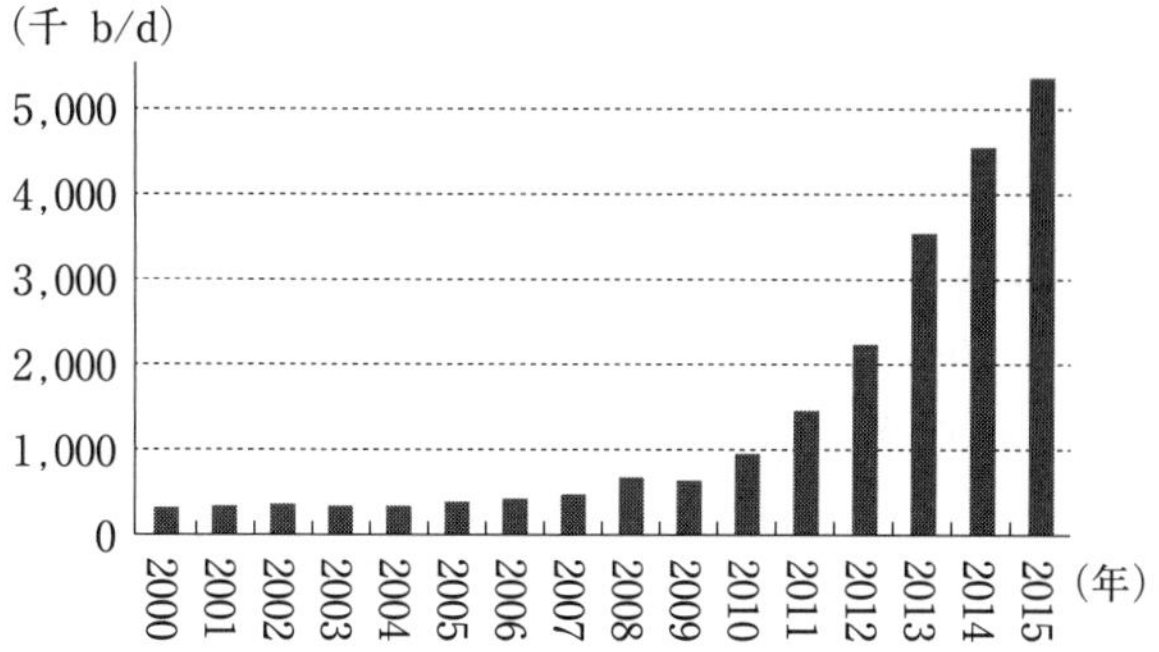

出所：米国エネルギー省エネルギー情報局統計

ル・オイル生産企業に大きな打撃を与えているわけではありません。ＥＯＧリソーシズをはじめとした米国の中堅石油企業は、今後のシェール・オイル開発に関して、強気の見方を崩していません。シェール・オイル開発の技術進歩によって、シェール・オイルの生産コストは日々低減しており、原油価格が下落しているにもかかわらず、米国のシェール・オイルの生産量は増加しています（**図５**）。

２０１５年に入って、米国のシェール・オイルの生産量は、５００万b/dを超えており、現時点のようにシェール・オイルの生産量が増加する限り、原油価格の底値が決まらない状況といえます。

サウジアラビアの石油戦略はどのようなものか

サウジアラビアをはじめとした中東産油国の首脳は、２０１４年上半期の時点までは、「適正な原油価格は、１バレル１００ドル」と表明していました。原油価格は、20世紀の１バレル18ドルの時代から、21世紀には中国をはじめとした新興経済発展諸国による石油の爆食により、1バレル100ドルの時代となっていました。ところが、2014年末時点においては、世界最大の原油生産国であり、OPEC（石油輸出国機構）の盟主でもあるサウジアラビアのヌアイミ石油大臣は、「原油価格が1バレル20ドルとなっても、サウジアラビアは減産しない」と原油価格目標水準を大幅に下方修正しました。まさに、2014年秋以降には、米国とサウジアラビアの原油生産競争という限りない消耗戦が展開されているという見方もできます。中東産油国の石油戦略はどのようなものなのでしょうか。今回の原油価格下落に関して、サウジアラビアと敵対するロシア、イランを経済的に苦境に陥れるために、米国と手を結んでサウジアラビアが原油生産量を削減せず、原油価格を引き下げているという必ずしも根拠が明確ではない単純な謀略論があります。確かに、1986年の逆オイル・ショックの時には、サウジアラビアはあえて減産を行わず、1986年と1988年には原油価格は1バレル10ドルを割り込み、原油輸出に経済を依存していたソビエト連邦の崩壊につながった歴史があります。ウクライナ情勢の緊張化を背景に、欧米諸国からの経済制裁と原油価格下落という二重の打撃にロシアが直面していることは確かです。

しかし、原油販売のシェア争いという点では、サウジアラビアと米国はライバル関係にあります。原油生産事業の展開という点では、サウジアラビアが、米国と手を結ぶ経済的な利益はありません。米国は、2014年にはサウジアラビアを抜いて世界最大の原油生産国となりました。米国が、再び世界最大の原油生産国となることは、OPECのリーダー的存在であるサウジアラビアをはじめとした中東産油国にとって脅威です。サウジアラビアの在来型の石油とは異なる、米国のシェー

表2　OPEC加盟国の原油生産実績

（百万 b/d）

加盟国	目標生産量	2015年2月生産量	2015年3月生産量	生産能力	余剰生産能力
アルジェリア	1.20	1.10	1.12	1.14	0.02
アンゴラ	1.52	1.79	1.80	1.80	0.00
エクアドル	0.43	0.56	0.56	0.57	0.01
イラン	3.34	2.84	2.79	3.60	0.81
イラク		3.32	3.67	3.73	0.06
クウェート	2.22	2.80	2.80	2.82	0.02
リビア	1.47	0.29	0.48	0.50	0.02
ナイジェリア	1.67	1.83	1.79	1.92	0.13
カタール	0.73	0.67	0.67	0.70	0.03
サウジアラビア	8.05	9.71	10.10	12.34	2.24
UAE	2.32	2.84	2.84	2.90	0.06
ベネズエラ	1.99	2.38	2.40	2.49	0.09
OPEC合計	30.00	30.13	31.02	34.51	3.49

出所：IEA オイル・マーケット・リポート2015年4月15日

ル・オイルという、中東産油国にとって大きな競争相手が登場していることが、現在の国際原油市場の姿です。

原油価格下支えのために原油生産量をサウジアラビアが削減すると、原油の市場シェアを米国のシェール・オイルに奪われ、減産したサウジアラビアだけが損失を被るという経済的合理性が働くのは当然です。サウジアラビアの陸上油田の生産コストは、生産工程においてコストがかかる作業を行わなくとも油田から原油が自噴することから、1バレル4～10ドル程度と、米国のシェール・オイルと比較して、極めて安価です。その点、米国のシェール・オイルは、水平掘削（Horizontal Well）[3]、水圧破砕（Fracturing）という高度な技術を用いている以上は、生産コストがサウジアラビアよりも高いことは自明の理です。

現状のように限りない消耗戦を展開すれば、最後に勝利するのは米国のシェール・オイルではなく、サウジアラビアをはじめとした中東産原油です。こうした生産コストにおける競争力があるからこそ、2015年6月5日に開催されたOPEC総会においても、OPEC加盟国は原油生産量の削減を行わず、米国のシェール・オイルとの消耗戦を続け、原油生産量を増加させています（**表2**）。中東諸国が再び国際市場の指導力を掌握した後に、原油価格の下支えを行うことがサウジアラビアの経済合理的な行動なのです。

サウジアラビアは、2015年6月時点においても、1000万b/dを超える原油生産量を維持し、原油価格の下落による石油収入の減少という打撃を受け入れたうえで、米国のシェール・オイル生産の息の根を止めようとしています。今後も、世界の産油地帯である中東諸国の原油と市場経済の国である米国のシェール・オイルとの戦いが限りなく続くこととなります。

米国のシェール・ガス革命の日本経済への好ましい影響

日本の2015年3月の貿易統計が発表されました。財務省による通関ベースでは、2293億円の黒字と、実に2年9ヵ月ぶりの貿易黒字となりました。これは、円安によって、米国、中国への自動車輸出、工作機械輸出が好調であったことに加えて、原油価格下落による石油、LNGの円

図６　日本の化石燃料輸入額（2014年）

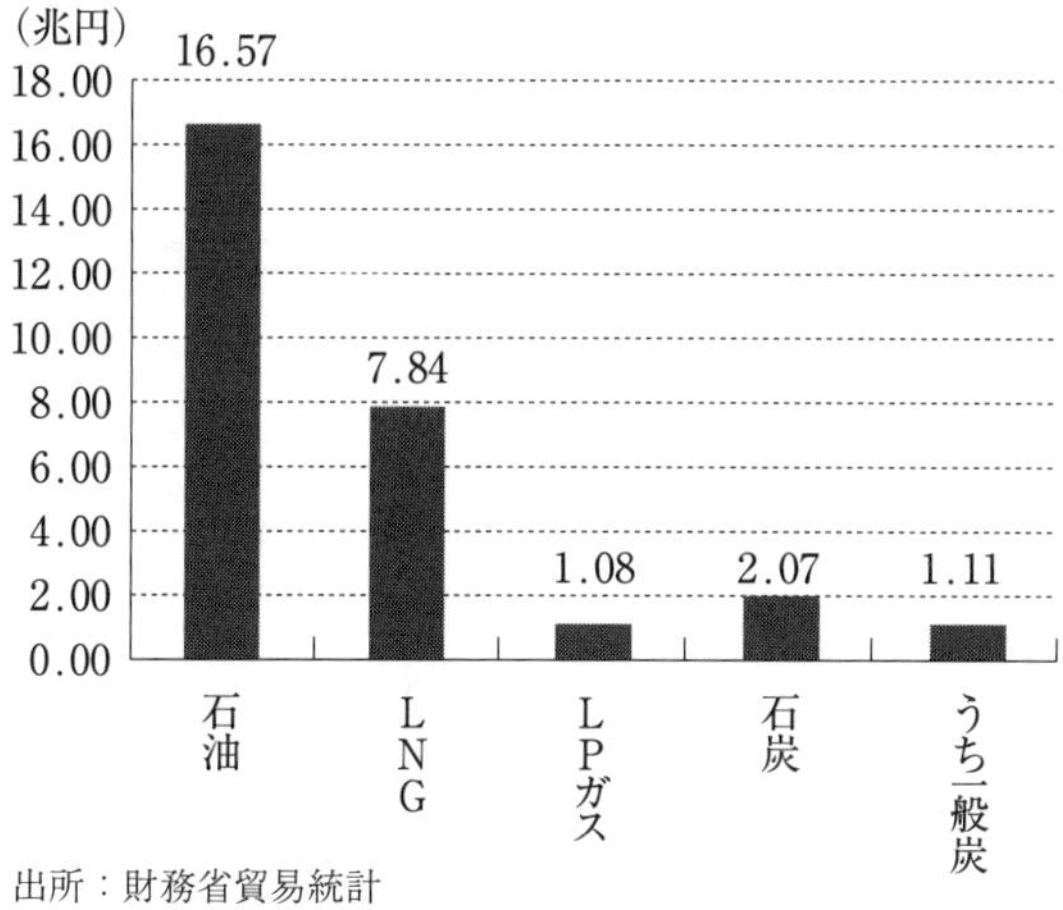

出所：財務省貿易統計

建てで見た輸入額の減少が大きくあります。この１年で見ると、２０１４年３月と比較して、北海ブレント原油価格は１バレル１０７・75ドルから２０１５年３月には１バレル57・06ドルと、ドル建てで見て、ほぼ半値となっています。ＬＮＧ（液化天然ガス）価格は、スポット価格が百万Ｂｔｕ（ブリティッシュ熱量単位）当たり２０１４年２月の20・５ドルから２０１５年３月には７ドルと、３分の１に下落しています。ＬＰガスの輸入価格も、この１年間で、１トン当たり１２００ドルから５００ドルまで下落しています。日本の貿易赤字は、２０１４年は12兆７８１３億円に達し、そのうち石油の輸入額が16兆５７００億円、ＬＮＧ輸入額が７兆８４００億円、ＬＰガス輸入額が１兆８００億円と巨額なものとなっています（**図６**）。いうまでもなく、日本の最大の輸入品目は石油です。

１ドル１２０円台という円安による円建て輸入

額の増加を考慮に入れても、原油価格、ＬＮＧ価格、ＬＰガス価格が、ドル建てで見て半値から３分の1に下落しているとなると、石油、ＬＮＧ、ＬＰガスの輸入額は、現在の価格が続くと、合計すると14兆円も減少し、日本の２０１５年における貿易収支は黒字となります。東日本大震災以降、日本の電気料金の上昇、国富の流出の原因は、発電時におけるコストが安価な原子力発電所の稼動停止を補うためのＬＮＧ火力発電の増強と、原油価格、ＬＮＧ価格の高騰にありました。そうした日本経済を悩ませてきた原油価格高騰という状況が大きく変化してきています。

では、日本経済にとって朗報といえる原油価格、天然ガス価格、ＬＰガス価格の下落の背景は何かというと、それは米国のシェール・ガス革命の賜物に他ならないのです。多くのエネルギー専門家を驚かすペースで米国におけるシェール・ガス、シェール・オイルの生産量が増加したことにより、世界的に石油需給が緩和し、原油価格の下落を引き起こしたといえます。

特に、シェール・ガス革命が、米国で起こったことは重要です。かりに、シェール・ガス革命がＯＰＥＣの加盟国であるサウジアラビア、ＵＡＥ（アラブ首長国連邦）等で起こったとしても、これほどの原油価格下落はもたらされなかったでしょう。サウジアラビアの原油生産能力が拡大したとしても、サウジアラビアの国営石油企業であるサウジアラムコが、生産調整を行い、原油価格を高値で維持する石油政策をとっていたでしょう。しかし、市場経済の国である米国であれば、国家の石油戦略とは関係なく、民間企業として1バレル当たり1セントでも儲かれば、原油生産量を増加させます。世界最大の産油国であるサウジアラビアにとっては、迷惑このうえないものの、日本のように石油の99・6％、天然ガスの96％を海外からの輸入に依存する国にとっては、まさに救世主的な存在といえます。

こうした状況は、ＬＮＧについてもいえます。まず、日本のＬＮＧ輸入の8割は原油価格連動の長期契約となっています。この分については、原油価格の下落から3～6ヵ月遅れて、ＬＮＧ価格が下落します。２０１５年6月以降に、長期契約分のＬＮＧ価格が、本格的に低下してきます。そして、スポット（随時契約）分のＬＮＧ価格は、供給面においては豪州のカーティスＬＮＧの生産開始、需要面においては中国の経済減速、韓国の原子力発電所の稼動が順調であることから、２０１５年6月時点において百万Ｂｔｕ当たり7ドル程度に下落しています。一部のエネルギー専門家は、「もはや、米国のシェール・ガスを原料としたＬＮＧは割高となっている」と主張しますが、それは必ずしも正しくありません。米国においてシェール・ガス革命が起こり、米国国内の天然ガス需給が緩和したことから、玉突き的に世界の天然ガス需給が緩和し、米国のシェール・ガスを原料としたＬＮＧ輸出という競争相手の脅威が、米国以外の豪州、アルジェリア等のＬＮＧ価格の引き下げにつながっています。1年前のＬＮＧ輸出国のＬＮＧ価格に対する強気な態度は、この1年で大きく変化しました。

ＬＰガスも同じです。これまでは、サウジアラムコが、アジア大洋州におけるＬＰガス市場の需給関係とは必ずしも関係なく、恣意的に決めていたサウジアラムコＣＰ[4]も、米国のシェール・ガスに随伴したＬＰガスの存在を無視できなくなりました。日本のＬＰガス輸入において、21世紀初頭には米国からのＬＰガス輸入は、ほぼゼロでした。しかし、２０１５年時点では、米国のシェール・ガスに随伴するＬＰガスの輸入量が2割を占めています。米国のＬＰガスの指標である米国メキシコ湾のモントベルビュー渡しは、1トン当たり200ドル程度まで下落しています。サウジアラビアは、2013年12月には、LPガスの一つであるブタン[5]の価格を1トン当たり1225ドルと強気の設定をしていました。しかし、米国のシェール・ガスに随伴するLPガスの価格が、ここまで安くなると、米国の動向を無視することはできず、2015年6月のサウジアラムコCPは、1トン当たり400ドル程度と、高値の3分の1となっています。日本経済も、貿易収支の改善、家庭が負担するエネルギー・コストの低下を通じて、今この瞬間も、米国のシェール・ガス革命の恩恵を極めて大きく受けているのです。

【注】

（1）米国の原油生産量は減退の一途を辿り、原油価格は天文学的に高騰するという一つの資源枯渇論。キング・ハバートをはじめとした石油技術者の理論。

（2）ヘッジ・ファンドとは大口の富裕層から資金を預かり、原油をはじめとした商品、ドルをはじめとした通貨等に高度な金融手法を活用して高利回りの運用を行う資金運用者です。

（3）地下数千メートルの場所で、シームレス・パイプラインを水平に折り曲げ、原油の回収率を向上させる技術であり、1990年代から始まりました。

（4）サウジアラビアの国営石油企業であるサウジアラムコが、CP（コントラクト・プライス）といって、アジアにおけるLPガスの需要を勘案しながら、LPガスの価格を一方的に日本に決めてくる仕組み。必ずしも適正な市場価格ではないという反論もあります。

（5）LPガスの一つで、タクシーの燃料、石油化学の原料として活用されています。

Part 2
人・暮らしのはなし

第５章

経済学、その人間的部分——古典と現代

——経済学って意外と人間的

伊東達夫

はじめに

「経済学」と聞きますと、私達は、生産、消費、投資、金融、ビジネスなどを当然のことのようにイメージします。経済学の学問範囲が、そのように定義されていますから当然であると思います(1)。また、ミクロ経済学の教科書を開きますと、ほとんどの教科書が「需要理論（demand）」と「供給理論（supply）」から始まります。それは一つの考え方ですから、そのことについて議論するつもりはありません。でもどうしても疑念が取れないのは、人間（論）についての記述がほとんど見られないということです。経済活動は人間が生きていく中で必要不可欠な作業、経済学的に言えば労働（Labor）、あるいは協働（Joint-labor）であり、この過程なくして人間は生きることはできません。同時にその主体は人間そのものであるということです。人間が生きていくための活動を主体的に論じる以上、人間的な部分を忘れることはできません。現代のさまざまな経済問題（に限ら

ず）が無味乾燥のように思われるのは、人間的な部分、強いて言えば人間的な側面からの考察が欠けているからではないでしょうか。命の源泉とも言える人間活動を「理論（theory, principle）」という枠組の中で取り扱うことの困難さはあるにしても、現代経済学の一つの欠け落ちた部分として認識しておくことは重要であると考えます。

そこで、本章では、経済学の古典と現代における取り組みにおいて、どのように「人間」（人間的な部分）が考えられているかについて検証することによって、人間的な経済学の試みに寄与したいと考えます。経済学における人間像、すなわち「経済活動を行う人」、専門的に言えば「経済人（homo oeconomicus）」の想定ということに全体として理解することになるとは思えませんが、ここでは、第一に、経済学の父と言われるアダム・スミスが、主著である『道徳感情論』や『国富論』の中で「経済人」をどのように想定しているか、第二に、現代経済学の最先端分野である行動経済学では、人間をどのような存在として位置づけているかについて考察し、それによって経済活動あるいは経済学を考える上で、何に注目し、なにを疎かにしてはならないかのポイントを探ることにいたしましょう。

一般的な意味での「経済人」について

そこで、ちょっと遠回りしますが、一般的な意味で「経済人」の性格について、以下の点は考えておく必要があります。

第１に、「経済人」は個人主義的、自由主義的、合理主義的な人間と定義されます。独立した商品生産者ないしは商品所有者として自らの利益を追求する意味において利己的存在です[2]。そして、そのような人間は自分と同様に他人もまた独立して活動することを認めます。ここに個人主義が成立します。そしてこのような彼らの行動のために人間としての人格的な自由が不可欠の条件となります。自らの計算すなわち自由な利潤追求にしたがって行動することの自由、経済外的な権力からの不干渉の自由（干渉されないということ）が要求されるようになります。このことが自由主義に結びつきます。個人主義と不可分に結びついた自由主義と言えましょう。一方で、このような自由が認められる範囲において彼らは合理的に行動します。行動の合理性は、資本主義社会が個人主義・自由主義からの必然の結果として自由競争、市場の自動調整メカニズムを据えている以上、経済的な条件となってきます。注意が必要なのは、「経済人」の合理性は、「富の獲得」という目的に対する手段と行動の整合性の上にあるということです。富の獲得がその人の幸福と一致するかどうかは別の問題であって、あくまでも目的合理性です。そして、目的合理的な行動のために人間の英知が要請されます。理性を持たず、その行動が目的に一致していなければ、自由競争の中で没落していかねばなりません。しかしながら、資本主義社会は全体として無政府的な社会ですから、ひとりひとりの個人にとっては全体を見渡すことは非常に困難ですし、常に富を求めて目的合理的に行動しているつもりであっても、現実はまったく別問題と言わねばなりません。「経済人」の目的合理性はあくまでも、主観的なものであって、その行動が実際にその人に富をもたらすかどうか、すなわち客観的に目的合理的であるかは社会全体が決めることになるでしょう。

第2に、「経済人」は他人に疎外された人間であると言えます。自分自身は（全体の経済活動の中の一手段という意味で）手段化されています。富の獲得のために人間的な欲求は抑えられねばなりません。ここにひとりひとりの人間は、全体の中の部分として生きることになります。

第3に、「経済人」は他人に対して非人間化することを強要します。富の追求のために自己自身をも手段と化してしまいます。富の追求のために他人を手段として使う、そうすることによって非人間化することが、「経済人」の本質的な性格であることに注目することは大切なことと思われます。

古典的経済人像―アダム・スミスの場合

アダム・スミスの描く18世紀経済社会は明るい未来のある社会です。そこに描かれる「経済人」ですから当然幸福な人間像でありました。ではなぜそうなり得たのかについて、考えてみます。

スミスの生きたイギリスは、産業革命の前夜、まさに生産力の急速な発展を前にした時代でした。スミスによれば、生産力の発展はもっぱら分業の進展に依存し、分業は資本蓄積に依存します。ところがスミスの時代の資本蓄積は個人によってのみ実施されるもので、個人の資本蓄積の増大によってのみ、一国の資本は増大し、国民生活は豊かになるのでありました。個人に資本蓄積を奨励することが望ましい政策であって、それはただ節約によってのみでは実現されないものでもありました。節約、そしてそれに続くところの富の合理的利用が自分自身にとって有利であることを主張します。この時代では、「経済人」は資本蓄積のチャンピオンであり、国民生活の担い手です。しかも、物質的に豊かな生活をおくれる可能性が急激に増して、またそれへの可能性に無限の信頼が寄せられていた時期であれば、これはそのまま直接的に国民の幸福増大につながっていくと考えられました。富への目的合理性はそのまま人間の幸福への価値合理性に通じるのであり、ここにスミスの「経済人」出現の理由も出てきます。

さらに、スミスの時代は重商主義政策を通じて産業資本が育成され、自力でやっていける時期になります。この時期になりますと、重商主義政策は逆に産業資本にとって手かせ足かせになってきます。このかせを打ち破らない限り、利己心（経済学的に言えば「利潤追求」）にもとづいた主観的な目的合理性を達成させることは不可能です。ここに自由の要求が登場します。まさに『国富論』はその自由の要求の経済理論的裏付けとも言えるでしょう。

当時の学問の状況から見れば、「アダム・スミスの道徳哲学体系のなかには法学も経済学も包括されており、それは市民社会における人間と社会の総体を把握したひとつの歴史的・社会哲学原理でありました。それは、いかなる神学的・形而上学的な権威からも自由であるところの人間生活に徹底的に内在しながら構成された人間的自然社会でもありました。そのような社会概念が成立したのは、市民革命をいち早く達成したイギリスで可能だったことは当然とも言えるでしょう。その独自性は、ホッブス、ロック、を経て18世紀のシャフツベリ、マンデヴィル、ハチスン、ヒューム、ファーガソンをはじめ、フランスの百科全書派にも比すべき一大学派を形成していた人たちによって展開された経験的・自然法的社会観でありました。それは自我を自覚した近代的人間の理性によって、社会的な主教の権威や国家権力から自由に、人間の相互関係にもとづいて構成された歴史的・現実的にして、しかも自然的なあるべき社会です。それはイギリスの現実の経験のなかからくみ取られたあるものとしての市民社会であると同時に、このような市民社会原理を歪曲するものに対しては人間社会のあるべき姿でありました。」（星野　１９７６）71～72ページ。

以上のように、スミスの時代は、市民社会思想の流れが完成し、そのプロセスから、個人主義的・自由主義的・合理主義的な人間としての「経済人」が生まれて来たと言えるでしょう。しかしながら、一方で、資本主義社会は、その構造そのものの中に人間的な要素を排除してしまう仕組みを持っています。心、感情、性、年齢など価格としては計ることの不可能な人間的な部分を捨象して、資本、お金という形で表現してしまいます。それは資本主義社会の生産から消費に至るすべてのプロセスがもつ特質と言ってよいでしょう。さらに言えば人間疎外なくしては成り立たないと言っても過言ではありません。そのような意味において資本主義社会全体は何らかの非人間的な一面を持っていると考えざるを得ません。経済が動く、そして経済を動かすことは、人間的な部分を含んでいてはどうにもなりませんし、誰もが対等な関係で経済活動を実現することが出来ないということでもありましょう。アダム・スミスは、労働にその基礎を見出したと思われます。

「だれでも自分自身の労働のなかにもっている財産は、他のすべての財産の本源的な基礎であるように、もっとも神聖・不可侵な財産である。貧しい人の親ゆずりの財産は、自分の手の力と技倆にあるものであって、彼がこの力と技倆を、隣人を侵害することなしに、自分が適当と思うしかたで使用するのを妨げることは、このもっとも神聖な財産の明らかな侵害である。それは職人と、職人を雇用しようと思うかもしれない人々の、正当な自由にたいする明白な侵犯である。それは一方が自分の適当と思う仕事をするのを妨げるのと同じく、他方が自分の適当と思う人を雇用するのを妨げる。その人が雇用されるのにふさわしいかどうかの判断は、たしかに、大いに利害関係がある雇用主たちにまかせておいていいことである。彼らが不適当な人物を雇用しないようにという立法者のしたり顔な心配は、明化に抑圧的であるとともに、さしでがましいものである。」アダム・スミス（１７８９）水田訳第1分冊、２１５ページ。

労働と人格は密接な不可分の関係であって、財産は労働の産物と考えますから、不可侵のものとなるでしょう。資本家にとっては、労働者の雇用の自由から、資本使用の自由へ展開します。その展開はそのまま「経済人」を肯定することになります。この時代の資本家はなおも自由を求める階級であって、近代化の担い手であり、「経済人」の肯定は近代化の肯定へと通じることになります。階級が十分な発達をとげていない事情ということもありますが、スミスの内部には、近代的三階級すなわち資本家、労働者、地主は区別されていて、各人が私益を追求する主体的個人として成立しています。

アダム・スミスは、慎慮、正義、自愛という三つの徳を調和させた「全面的人間」とも言うべき理想的人間像を想定しながら[5]、他方において「経済人」を肯定的に捉えました。経済の領域を社会生活の限定された一部として考え、この領域においては個々人がばらばらに切り離された、独立した個人、経済行為の主体でありました。経済興隆期の時代にあって、経済人は進歩的人間であり、精神的に神の支配から切り離された個人であり、自由であるが故に合理的に行動し、生産手段に対応する人間側の要求を全面的に満たす存在であるとも考えられるでしょう。

現代的経済人像―行動経済学の場合

以上のように、経済人は、古典的な見方では経済社会全般のなかで定義付けされており、マクロ経済的な位置づけという捉え方もできます。それは未だ「経済学」自体（Economics）が独り立ちしていいなく、アダム・スミスのように道徳哲学（Moral Philosophy）の一分野として考えられている以上、そこにはさまざまな倫理社会的・法学的・人間的、自然法的要素が加わってきます。しかし、現代経済学のように、経済学が独立科学として、さらに構築された経済学理論として、社会科学の一翼を担う役割を果たすようになると、論理思考、理性が優先されてきますので、人間の持つ本源的な要件を取捨しなければならなくなります。そうなると経済人の定義自体も厳密にならざるを得ないことになってきます。

たとえば「経済人というのは、超合理的に行動し、他人を顧みず自らの利益だけを追求し、そのためには自分を完全にコントロールして、短期的だけでなく長期的にも自分の不利益になるようなことは決してしない人である。自分に有利になるには機会があれば、他人を出し抜いて自分の得となる行動を躊躇なくとれる人々である、」（友野　２００６）10ページ。というように「認知や判断に関して完全に合理的であって意志は固く、しかももっぱら自分の物質的利益のみを追求する人のことである、」（友野　２００６）14ページ。と定義されてきます。もう少し具体的に考えれば、「自分の嗜好（好み）が明確であり、それに矛盾がなく、常に不変であること。そして、その嗜好に基づいて、自分の効用（満足）が最も大きくなるような選択肢（たとえば商品）を選ぶ、」（友野　２００６）15ページ。ということにもなります。このような条件にどれだけ自分が当てはまるか。ちょっとイメージしてみて下さい。いたってだれもが気づきうる普通の行動であるように思われますが、いかがですか。でもよくよく考えてみると、かなりきつい条件であるということに気づきます。ちょっとコンビニまでと買い物に出かけて、店舗に入る前に考えていたとおりの買い物をして帰ってきたという経験よりも、考えてもみなかった買い物をしてしまった経験のほうがずっと多くありませんか。

「禁煙も禁酒もダイエットも成功せず、しょっちゅう電車の中に傘を忘れたり、ダブルブッキングをして友人を不愉快な気持ちにさせたり、当たるはずのない宝くじに大金を投じているのが、ありふれたわれわれの姿であるから、経済人というのは、まったくうらやましい限りだ。しかしそのような知人がいたら、決して友達にはしたくない人々である。

このような神のような人物が、標準的経済学が前提としている経済人の姿なのである。

このような特別な人物が果たして一人でもいるのだろうかという疑問がすぐわくのに、それどころか経済活動を担っている人、つまりわれわれすべてがこのような人物であるという想定の下で、経済学は構築されている。」（友野　２００６）10ページ。

「いわば、経済人は、知覚、注意、記憶、推論、判断などの脳や心が行う認知作業に関して、無限の能力を持っていて、さらにいったん決意したことを必ず実行する超自制的な意志の持ち主でもあり、まさにスーパーマンだ。」（友野　２００６）17ページ。

ということになってしまいます。アメリカ制度学派の経済学者ソースタイン・ヴェブレンは、経済人を「快楽と苦痛のいなずま計算機」と形容しましたが、本当にそうでしょうか。

「経済は心で動いている。

心と言っても、思いやりとか優しさとか人間性で経済が動いているというのではないし、道理を主張するのでもない。心は知覚、認知、記憶、判断、決定、感情、意思、動機などを担っている。ハートというよりマインドである。

心は合理的推論や計算もするし、感情や直感も生み出す。心が人間行動を決定し、人間行動が経済を動かしているのであるから、経済は心で動いている。標準的経済学では、人は合理的な計算や推論によって行動を決定するとされている。

しかし感情や直感も重要な役割を果たしていることが次第に明らかになってきた。抜け目のない人々の合理的な損得勘定から、感情の役割も重視する方向への変化である。いわば『勘定から感情へ』という転換だ。」（友野　２００６）４ページ。ここに、アダム・スミスの古典学派から近代経済学に長らく受け継がれてきた伝統的経済学に示される経済人観にとらわれない経済学の出現を見ることになります。

「行動経済学あるいは経済心理学という比較的新しい経済学の領域は、一言で説明すれば、『標準的な経済学』が十分には捉えきれていない人間の様々な行動様式を、心理学あるいは認知科学といった経済学以外の学問分野の研究成果を利用して紐解くことで、ミクロ的な経済行動やマクロ的な市場へのインパクトの分析における現実的な説明能力を補強しようという試みといえます。」（多田２０１４）28ページ。

先立つこと、ジョン・フォン・ノイマンとオスカー・モルゲンシュテルンが『ゲームの理論と経済行動』（１９４４）を著し、ゲーム理論から不確実な状況での人間の意志決定を明らかにしました。そして、モーリス・アレは、非合理的な選択を行うモデルを構築し、実生活での意志決定はつねに合理的ではないと主張する現在の行動経済学への足がかりを築きました(6)。

行動経済学においは、人間はつねに１００パーセント合理的ではない、自制的ではない、利己的ではない、というところから議論が始まります。逆に言えば、合理的ではない側面を持ち、はじめに決めた計画通りに進める訳ではない、あるときは他人のことも考えたりすることもあるということです。それこそこれまで捨象してきた人間の本質的な面を組み入れる必要がでてきたことになります。本稿では行動経済学の本論である具体的な事例に基づいたゲーム理論、リスク、不確実性、非合理的な意志決定、行動ファイナンスなどの理論問題には言及しませんが、新たな人間像に基づいた経済行動の分析、そして経済社会のあり方が問われはじめていることを確認していただくことが肝要です。

おわり

繰り返しになりますが、人間には感情（心）の部分と理性（頭脳）の部分があります。人間はこの2つの要素を基に行動しています。でも理論構築のためには揺れ動く感情の部分は脇に置いて原理、原則を求めて来ざるをえない学問事情も理解できます。しかし、最近では経済の動きを説明できない、把握できない事態が数多く発生していることも事実です。ＩＣＴの急速な技術発展、格差、少子化、性差、労働形態、差別、偏見など挙げればきりがありません。経済・ビジネスの多様化、人々の考え方や嗜好の多様化、総じて言えば価値観の多様化と言えましょう。単一的な考え方から多様な考え方へ、ワンパターンからの脱却が求められています。おそらく、アダム・スミスの言うところの利己心、利他心も現代の私利私欲も内容的にはそれほど変わりはないでしょう。人々を取り巻く歴史的に積み上げられた政治的経済的文化的環境の違いこそが問題であろうと考えます。

「ある社会状態ができあがると、人々の心もそこでの経験を基準にして変わっていきます。今でこそ、日本人は欧米人に比べて、清潔で働きすぎといわれていますが、明治時代に留学から帰国した津田梅子は、だらしなく、昼間から仕事をせずに怠けている、と日本人を評しました。長期雇用、専業主婦といった制度や慣習も日本の歴史からみれば、近代の一コマにすぎません。それを不変のものと思うのは、私たちの限られた経験のなせる業なのです。古代ギリシャの哲学者プラトンは、このような、自分の狭い経験だけから物事を判断しようとする私たちの性行を指して、『洞窟の中の囚人』と表現しました。

東洋ではブッダが人の道を説きました。「ものごとは心にもとづき、こころを主とし、心によってつくり出される」（「真理のことば」中村元訳）。ブッダは続けます。「もしも汚れたこころで話したり行ったりするならば、苦しみはその人につき従う。・・もしも清らかな心で話したり行ったりするならば、福楽はその人につき従う。」

『結局、精神論か』と思われた人がいるかもしれません。しかし、こころを考えずにどんな効用（満足度）を考えるというのでしょうか。私たち経済学者は効用を物質的な側面に依存させすぎてきたのではないでしょうか。」「やさしいこころと経済学　第７章差別と偏見（10）」『日本経済新聞』、２０１４年12月31日朝刊、25ページ。

近代経済学の祖と言われるアルフレッド・マーシャルの言葉を紹介します。

「経済学は日常生活を営んでいる人間に関する研究である。それは、個人的および社会的行動のうち、福祉の物質的要件の獲得とその使用にきわめて密接に関連している側面を取り扱うものである。」

「経済学は、一面においては、富の研究であるが、他の、より重要な側面においては人間の研究の一部なのである。」（マーシャル　馬場訳）

経済学は何のために在るかと言えば、人間のより良い生活環境を創造し、その結果として幸福な人間社会を作るためであります。そのために主体である人間研究こそ第一であることは言うまでもありません。人間社会から離れた科学はあり得ません。

【注】

（1）参考のために、『岩波　現代経済学辞典』（2004）212ページによれば、「経済学」の定義は以下のようです。「人間の生活の基礎である物質的財貨の生産・分配・消費の過程と、それにともなって生ずる人間の社会的関係を経済といい、それらの間―つまり生産の関係を支配する法則、分配関係を律する法則、消費を規制する人間行為の分析、またそれらを包摂する社会関係を考える学問を経済学という。」

（2）ここでは、近代啓蒙主義思想のなかからの考察が重要視されています。近代人の性格を探ることがひとつのポイントになるでしょう。田中（2003）（2013）の業績を参考していただきたい。

（3）本稿は伊東（1988）（1997）のアダム・スミス論を基本に最近の考察を含めたものです。経済人論と市民社会論の継続性、市民社会における階層とその役割などについては参考にしていただきたい。

（４）疎外（Entfremdung, Alienation）はマルクス経済学の用語で、人間が作ったもの（商品、貨幣、制度など）が人間から離れ、逆に人間を支配する状態、またそれによって、人間が人間性を失う状態をいう。『岩波　現代経済学辞典』（２００４）４９３ページ。資本主義市場経済の形成につれて、人間の主体的活動、労働過程が利潤追求の手段となって、人間がものを作る主人であることをうしなっていきます。

（５）この議論については水田（１９９７）、の研究を参照。瞠目（２００８）の『道徳感情論』と『国富論』との密接な関係を論じた考察は、アダム・スミス研究において、何が重要かについて一石を投じました。

（６）真壁（２０１０）の第1章「心と出会った経済学」の項に、経済学の潮流として、①ミクロ理論（価格理論）、②マクロ理論（ケインズ革命）、③数理系の経済学、という流れで行動経済学に至る流れが示されています。

【参考文献】

伊東達夫（１９８８）「アダム・スミスの「経済人」について」『和光経済』和光大学社会経済研究所、第20巻第3号。

伊東達夫（１９９７）「アダム・スミスの市民社会形成について」『和光経済』和光大学社会経済研究所、第30巻第号。

宇沢弘文（２０１３）『経済学は人びとを幸福にできるか』東洋経済新報社。

内田義彦（１９７１）『社会認識の歩み』岩波書店。

大垣昌夫・田中沙織（２０１４）『行動経済学』有斐閣。

大河内一男編（１９７２）『国富論研究〈１〉』筑摩書房。

経済学史学会編（２０１２）『古典から読み解く経済思想史』ミネルヴァ書房。

木暮太一（２０１４）『アダム・スミス』日本経済新聞出版社。

小林弘明・齋藤雅己・佐野晋一・武田巧・山田久（２００８）『入門ミクロ経済学』実教出版。

高橋哲雄（２００４）『スコットランド　歴史を歩く』岩波書店。

多田洋介（２０１４）『行動経済学入門』日本経済新聞出版社
田中正司（２００３）『経済学の生誕と「法学講義」―アダム・スミスの行政原理論研究』お茶の水書房。

田中正司（２００３）『アダム・スミスの自然法学《第２版》―スコットランド啓蒙と経済学の生誕』お茶の水書房。

田中正司（２０１３）『アダム・スミスの認識論管見』社会評論社。

ダン・アリエリー（２０１４）『お金と感情と意思決定の白熱教室　楽しい行動経済学』早川書房。

千田亮吉・塚原康博・山本昌弘（２０１０）『行動経済学の理論と実証』勁草書房。

瞠目卓生（２００８）『アダム・スミス』中央公論新社。

友野典男（２００６）『行動経済学―経済は感情で動いている』光文社。

中込正樹（２００８）『経済学の新しい認知科学的基礎』創文社。

野原慎司（２０１３）『アダム・スミスの近代性の根源』京都大学学術出版会。

ポーポー・ポロダクション（２０１４）『マンガでわかる行動経済学』ＳＢクリエイティブ。

星野彰男（１９７６）『アダム・スミスの思想像』新評論。

星野彰男（２０１０）『アダム・スミスの経済理論』関東学院大学出版会。
真壁昭夫（２０１０）『行動経済学入門』ダイヤモンド社。
丸山徹（２０１１）『アダム・スミス『国富論』を読む』岩波書店。
水田洋（１９７５）『社会科学の考え方』講談社。
水田洋（１９９７）『アダム・スミス―自由主義とは何か』講談社。
Ariely, Dan.（2008）“*Predictably Irrational*,” 熊谷淳子訳（２００９）『ダン・アリエリー予想通りに不合理』早川書房。
Ariely, Dan.（2010）“*The Upside of Irrationality*,” 櫻井祐子訳（２０１０）『不合理だからうまくいく』早川書房。
Harford ,Tim.（2008）“*The Logic of Life: Uncovering the New Economics of Every Thing*,” 遠藤真美訳（2008）『ティム・ハーフォード　人は意外に合理的』ランダムハウス講談社。
Kahneman, Daniel.（2011）“*Nobel Prize Lecture and other essays*,” 反野典男・山内あゆ子共訳（２０１１）『ダニエル・カーネマン　心理と経済を語る』楽工社。
Marshall, Alfred.（1890）“*Principles of Political Economy*,” 馬場啓之助訳『マーシャル　経済学原理』東洋経済新報社。
Motterliri, Matteo.（2006）“*Economia emotiva*,” 泉典子訳（２００８）『マッテオ・モッテルリーニ　経済は感情で動く』紀伊國屋書店。
Motterlini, Matteo.（2008）“*Trappole Mentali*,” 泉典子訳（２００９）『マッテオ・モッテルリーニ　世界は感情で動く』紀伊國屋書店。

Phillipson, Nicolas. "*Adam Smith An Enlightened Life,*" 永井大輔訳（２０１４）『ニコラス・フィヒリップソン　アダム・スミスとその時代』白水社。

R. H. Campbell & A. S. Skinner,（1982）"*ADAM SMITH,*" 久保芳和訳（１９８４）『キャンベル、スキナー　アダム・スミス伝』東洋経済新報社。

Smith, Adam.（1776）"*An Inquiry into the Nature and Causes of the Wealth of the Nations,*" the fifth edition（1789）水田洋監訳、杉山忠平訳『アダム・スミス　国富論』（２０００）岩波書店。

Smith, Adam.（1759）"*The Theory of Moral Sentiments,*" 水田洋訳（２００３）『アダム・スミス　道徳感情論』岩波書店。

Uri Gneezy, John A. List,（2013）"*The Why axis Hidden Motives and the Undiscoverd Economics of Every Life,*" 望月衛訳（２０１４）『ウリ・ニーズイー、ジョン・A. リスト　その問題、経済学で解決できます。』東洋経済新報社。

コラム

結果を保証できない商品を売るプロスポーツビジネス

原田尚幸

プロスポーツビジネスにおける最大の商品は、「試合（ゲーム）」です。しかし、その商品（試合）は、品質や結果を保証してチケットを販売することができません。なぜなら、スポーツは筋書きのないドラマであり、観戦に訪れた試合で好きな選手が活躍することや、応援するチームが必ず勝つという保証はどこにもないからです。このことが、プロスポーツビジネスの難しいところであり、他の商品やサービスの提供とは異なるユニークな点でもあります。

試合の勝敗に関係なく、お客さんに何度もスタジアムへ足を運んでもらうためには、試合そのものの価値を高めることが重要です。試合を構成する要素にはいくつかの側面があり、対戦カードや質の高い選手のプレー、優秀な指導者や審判の高度な技術は、試合そのものに関わる重要な要素です。また、安心・安全で快適なスタジアムにおいて、おいしいグルメやお客さんを飽きさせないファンサービスの提供は、試合を構成する間接的な要素です。

経営サイドは、試合が始まってしまうと、その経過と結果をコントロールすることができません。しかし、スタジアムでお客さんが経験する要素については、試合前から試合中、そして試合終了後に至るまで、経営努力次第で試合の価値を高めることができます。

お客さんにとって、もうひとつ重要な要素に、スタジアムで体感する観戦経験があげられます。スタジアムという非日常空間において、自分の好きなチームのユニフォームに着替え、同じチームを応援する仲間たちとの一体感を感じながら、応援グッズを手にして声援を送るという観戦経験そのものが商品であるといえます。このような観戦経験にハマり、繰り返しスタジアムを訪れる女性たちは、「カープ女子」現象として注目を集めています。

プロスポーツビジネス成功の鍵は、ファンサービスの提供やスタジアムにおける魅力的な観戦経験の創出にあるといえるでしょう。

第６章

経済学へのアプローチ

葉山幸嗣

はじめに

経済学とは何でしょうか。

経済学には理論経済学、経済政策、公共経済学、財政学、環境経済学、あるいは行動経済学といった分野があります。このことから分かるように、経済学は広い範囲の事象を研究対象としています。このため、先ほどの問いに対する答えは、研究者によって異なるでしょう。

そこで、本稿では経済学全般に共通する考え方について説明していくことにします。経済学はどのようにして、社会に存在する諸問題への解決策を提示しているのかについてお示しします。

経済学で考える「良い状態」

経済学で「良い」とされるのは、どのような状態でしょうか。もう少し経済学的な言葉を使えば、経済学における「望ましい」状態のことです。このことを考えるため、経済学とは何かという点からお話していきたいと思います。

●選択の学問

現代の経済学は、それ以前の経済学と区別するため、「近代経済学（Modern Economics）」と呼ばれています[1]。近代経済学は、ジェボンズ、ワルラス、メンガーという3人の経済学者たちの考えの上に発展をしてきました。彼らによれば、我々が経済活動を行う究極の目的は、自らの欲求を最大限満足させるために他なりません。例えばジュースや本を買ったり、レストランで食事をしたり、家族や友人と旅行に出かけるのは、自らの欲望を満足させるためなのです。

我々は常に欲望を満たすために経済活動をする一方で、すべての欲望を満たすことはできません。美味しいものを食べたい、オシャレな服を着たい、楽しい旅行に出かけたいなど、欲望を満たすためには、時間やお金がかかるためです。高級レストランで毎日食事をすることはできませんし、旅行に出かけていれば、その間は他のことをする時間がなくなってしまいます。そのとき、我々は最も優先順位の高いものを、優先的に行うはずです。

これらのことを考えると、我々人間の経済活動は、何を優先的に買うのか、何に重点的に時間をかけるのか、といった「選択」の連続であることがわかります。経済学は我々の経済活動における「選択」を考える学問なのです。

「豊かさ」とは

経済学の偉大な研究者たちは、経済学をさまざまな言葉で定義してきました。例えば、Ｐ・サミュエルソンは、「経済学とは、限りある資源からどのようにして価値あるモノを生産し、様々な人たちの手に渡らせるのかを考えるもの(2)」としています。サミュエルソンが述べることと、先ほどの「選択」は、経済学を考える上で、どのようなつながりがあるのでしょうか。それについて考えてみましょう。

そのためには、我々の経済的な「豊かさ」とは何かを考える必要があります。お金をたくさん持っていることが豊かさでしょうか。土地や高級車を保有していることが豊かさでしょうか。それらは、確かに個人のレベルでは、経済的に豊かと言えます。ここで考えるべきは、社会全体の「豊かさ」です。

社会全体の「豊かさ」は、モノをどれだけ作り出せるかによります。なぜなら、たとえお金をたくさん持っていても、お店に商品がなければ何も買えません。土地を持っていても、家を建てることができなければ、どんなに土地を持っていても意味がありません。

つまり、社会全体での「豊かさ」は、生産力の大きさによるのです。その意味では、日本は豊かです。ショッピングモールやコンビニには、企業が生産したモノがたくさんあり、我々は好きなときに、好きなだけ、自分の欲しいモノを購入できるのです。

この意味での「豊かさ」は、開発途上国に行ってみると実感できます。開発途上国のスーパーマーケットには、日本のスーパーマーケットほど多くのモノはありません。また、買えるモノも限られています。つまり、開発途上国の国々は、日本ほど生産力がないため、経済的には日本よりも貧しいのです。

●無限の欲望と希少な資源

モノを作る力、すなわち生産力は、「豊かさ」を測るモノサシになることは分かりました。さて、モノを作るためには、生産資源が必要です。具体的には原材料、労働力、機械、車、技術、知識などがそれにあたります。

ところが、生産資源は無限にあるわけではないのです。石油やウランといったエネルギーには限りがありますし、労働者や機械などは、必要だからといって、すぐに増やすことができません。このことをつきつめて考えてみれば、我々が様々なモノを生産する量は、結局生産資源の大きさで制限されることが分かります。

一方、我々の欲求や欲望はどうでしょうか。多くの人が広い家に住み、別荘を持ち、何台もの高級車を保有し、ぜいたくな料理を食べたいと望みます。しかし、すべての人のすべての欲求や欲望を満たすことはできません。なぜなら、それらの望みを叶えるには、生産資源が不足しているからです。つまり、すべての人を満足させるだけの生産ができないのです。

図1　経済学において迫られる選択

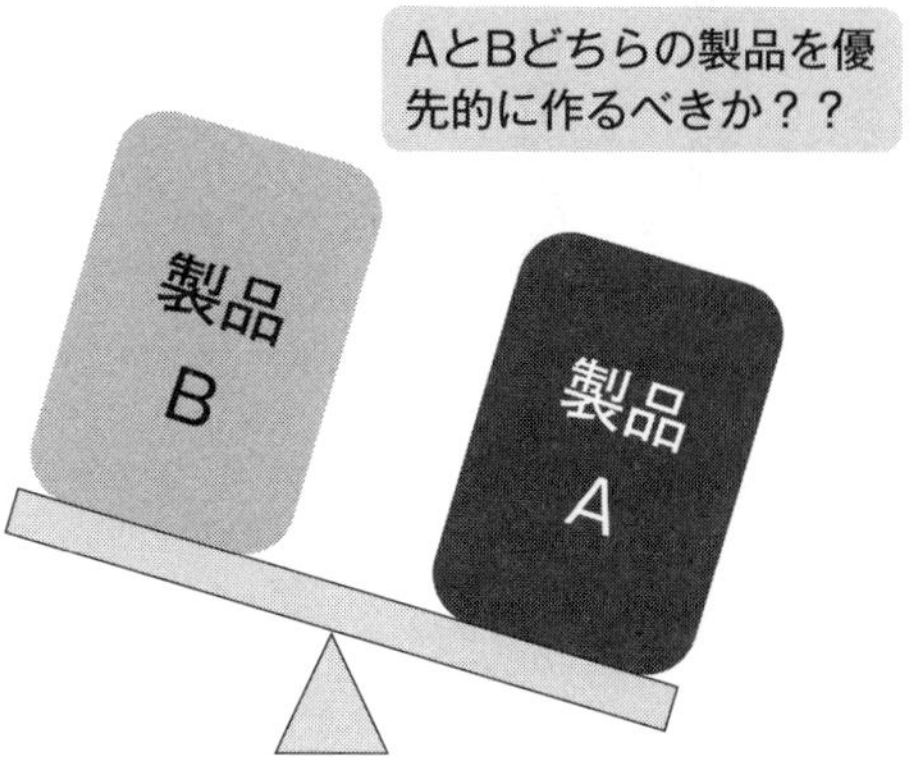

このため、われわれは無限の欲望に対して、相対的に不足している生産資源を用い、何を優先させて生産するのかを選択しなければならないのです。家を建てるべきなのか、車を作るべきなのか、あるいは農作物を生産するべきなのか、経済学はそのような選択を迫られます（**図1**）。

●無駄のない状態

無限の欲望に対し、資源は不足しています。そのため、我々は優先的に生産するモノを選択します。さて、このとき不足している資源はどのように活用されるべきでしょうか。もし資源が不足しているならば、出来る限り我々の欲望を満たすため、資源は無駄なく活用されなければなりません。経済学の理想的な状態はここにあります（**図2**）。

資源を用いて何を生産するにせよ、資源が無駄なく、すべて有効に利用されているならば、生産量は最大化されていることになります。逆に資源の利用に無駄があり、有効に活用されていなければ、生産量は最大化されなくなってしまいます。生産資源を無駄なく活用することによって生産量が最大化するということは、我々の欲望を出来る限り満たしていることにつながります。その逆に、

図2　経済学の理想的な状態

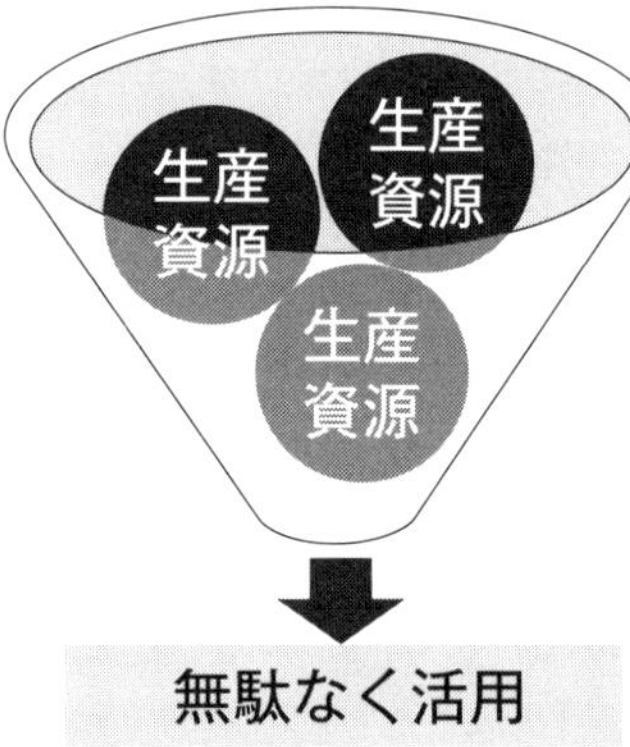

資源活用に無駄が生じていれば、本来なら満たされているはずの欲求が満たされなくなります。このため、人々の欲求を最大限満たしているという意味で、無駄のない状態こそが、経済学では最適な状態となるわけです。

資源が無駄なく利用されている状態であることが前提ならば、様々な選択に良し悪しを考察しないのが経済学の特徴です。

例えば、すべての生産が独裁者のために行われ、その国の国民は何も買えない状況であっても、資源が無駄なく利用されているならば、経済学では最適な状態だと判断します。その意味では、すべての国民が平等に欲しいものを手に入れる状況であっても、生産に無駄が生じているならば、理想的な状況ではありません。

価格が調整

●市場の役割

それでは、無駄のない状態はどのようにすれば達成できるのでしょうか。経済学では、理想的な状況を達成するのは「市場（しじょう）」と呼ばれる場所です。市場とはモノを買う消費者の「需要」と、モノを売る企業の「供給」が出会い、商品が取引される場所です。

市場取引を通じて達成される無駄がない状態とは、どのような状態かを考えましょう。もし、市場で商品に売れ残りがあればどうでしょうか。商品を欲しいと思っている人以上に、供給してしまっている状況です。これは資源を無駄にしていることになります。なぜなら、社会で必要と思われている以上の商品を生産しているわけで、必要以上に作った商品に用いられた生産資源を、より需要の大きな他の商品に振り分けた方が、人々の欲望を満たせることになるためです。

一方、商品が不足する場合はどうでしょうか。買いたい人がいるのに、供給が足りない状況です。これも資源を無駄にしていることになります。なぜなら、もし他の商品に売れ残りが発生していれば、その商品に投入された生産資源を、不足が生じている商品に用いて生産することによって、より我々の欲望を満たすことができるからです。

この結果、市場において無駄がない状態とは、すべての市場において、売れ残りや買い残しが存在しないことになります。

●価格を判断基準に

市場において消費者と企業が決定するのは、その商品をどれだけ買いたいかを測る「需要量」と、どれだけ売りたいかを測る「供給量」です。「需要量」と、「供給量」はどのように決定されるのでしょうか。それらを決定するのは、「価格」です。

消費者の側から見ていきましょう。ある商品を購入しようとすると、消費者はまず価格を気にするはずです。例えば、液晶テレビや車といった製品の購入や、携帯電話の通話サービスを利用するときは価格を見ます。もし、ある製品の価格が高い場合はどうなるでしょうか。車で考えてみれば、1台1億円を超えるような高級車は街に沢山走っていませんが、100万円程度の大衆車は良く見かけます。また、携帯電話の通話料金が高ければ通話時間を抑えますが、無料であれば通話時間を気にすることなく話します。つまり、価格が高い場合は製品に対する購買意欲は少なくなり、価格が低ければ購買意欲は旺盛になるのです。

企業はどうでしょう。企業も自社の製品を販売するとき、それが一ついくらで売れるのかを考えます。例えば、液晶テレビを考えてみましょう。液晶テレビを生産するのにかかる費用を一定だとします。すると販売価格が高い方がテレビ一台当たりの儲けは大きくなり、沢山の液晶テレビを売りたいと考えるはずです。逆に、価格が低ければ、一台当たりの儲けは少なくなり、販売を控えたくなります。さらに、価格が生産費用より低ければ、テレビを生産して販売するメリットは何もありません。赤字になるからです。つまり、企業は価格が高ければ儲けが沢山でるため多くの生産を行い、価格が低ければ儲けは少なくなるため生産を控えるようになるのです。

ここで注意しなければならないのは、需要も供給も価格のみを判断基準にしていることです。需要量も供給量も、売り手や買い手の思惑とは無関係に決定されているのです。市場では、売り手も買い手もお互いに、いくらであればどれだけ購入し、また販売するのかといったことは相談しません。つまり、売り手と買い手の意思決定は、価格を通じて分権的に決定されているのです。

●価格が調整

価格はそれぞれ需要量・供給量を決定する要因です。例えば、ペットボトルのお茶の価格が３００円だとしましょう。この価格のとき、消費者は20本購入し、同時に企業は40本生産するといった具合です（**表1**）。しかし、価格が３００円の場合、明らかに供給量が需要量を上回っています。つまり、市場では売れ残りが発生している状態[3]です。この価格では、消費者は価格が高いと思い消費量が少ない一方、企業は儲けが出るので沢山生産しようと考えるわけです。

表1　価格の下落による需要量と供給量の調整

消費者	価格	企業	売残り
20本	300円	40本	20本
22本	250円	32本	10本
24本	200円	28本	4 本
25本	120円	25本	0 本

このとき、市場ではどのような〝力〟が働くのでしょうか。実は、市場には「価格調整機能」が備わっていると考えられています。市場が自在に価格を上下させる機能のことです。このメカニズムは次のように働きます。

表1の例では、売れ残りがあるわけですから、お茶を生産する企業は在庫を一掃しようとするため、少しずつ価格を下げていきます[4]。もし、在庫を抱える企業のうちの一社がほんの少しだけ価格を下げたとしたら、どうなるでしょうか。すると、競合する他の企業も価格を下げて対抗するはずです。このため、売れ残りが発生していれば、自動的に市場全体のお茶の価格が下落するようになるのです。

同時に、価格の下落は消費者のお茶の消費を増加させる働きを持ちます。なぜなら、300円という価格では高すぎると思い、買い控えていた消費者も、価格が300円から250円、250円から200円、200円から120円と下落するにつれて、購買意欲が増していくからです。

価格はちょうど買いたい量と売りたい量とが一致する水準まで下落するはずです。この価格を均衡価格と呼びます。もし均衡価格よりもほんのちょっとでも高ければ、供給量が需要量を上回ることになり、価格は下がることになりますし、その逆に均衡価格よりも低い場合は、需要量が供給量を上回るので、価格が上がることになります。

市場には、このような「価格調整機能」が備わっているため、常に需要量と供給量が一致します。したがって、市場を通じて取引を行うことによって、自動的に売れ残りも買い残しも存在しない、無駄のない状態を達成することができるわけです。

「給料」は調整が難しい

●労働市場のケース

多くのモノやサービスを取引する市場では、今まで述べてきたように、価格調整機能が働き、均衡価格において需要量と供給量が一致します。

しかし、一部の市場では、このような調整機能が十分に機能しない場合があります[(5)]。その一つが労働市場です。労働市場とは何でしょうか。労働市場で取引されるのは、労働者が提供する「労働」で、そこで決定されるのが「労働賃金」です。労働賃金は労働の価格です。例えば時給900円のときは、1時間当たりの労働の価格が900円ということです[6]。

労働市場について、もう少し詳しく見ていきましょう。まず、労働を供給するのは労働者です。労働者は労働を提供する対価として、労働賃金、すなわちお給料を受け取ります。一方、労働を需要するのは企業です。企業は労働者を雇い入れてモノを生産し、販売することによって利潤を得ます。

労働の価格である労働賃金は、一度決められてしまうと、なかなか変化しません。例えば、企業が時給1500円のアルバイトを5名募集したとします。その募集に対して、30名の応募があったとしたらどうでしょうか。この場合、労働供給が多いので、従前の価格調整機能が働けば、時給は1500円から1400円、1400円から1300円……と下がっていくはずです。その結果、時給が下がるのなら応募をやめたいと思う人が出てくるはずで、最終的には応募人数が5名に絞り込まれるところまで、時給は下落します。

しかし、現実には1500円という時給を下げる企業は、ほとんどないでしょう。5名が採用され、25名の失業者が発生します[7]。つまり、現実経済では、労働賃金のように価格調整機能が十分に働かないケースがあるのです。

●なぜ価格調整機能が働かないのか

労働市場では、なぜ価格が調整されず、その結果として失業者が出てしまうのでしょうか。その

図３　ポール・クルーグマンが挙げる３つの理由

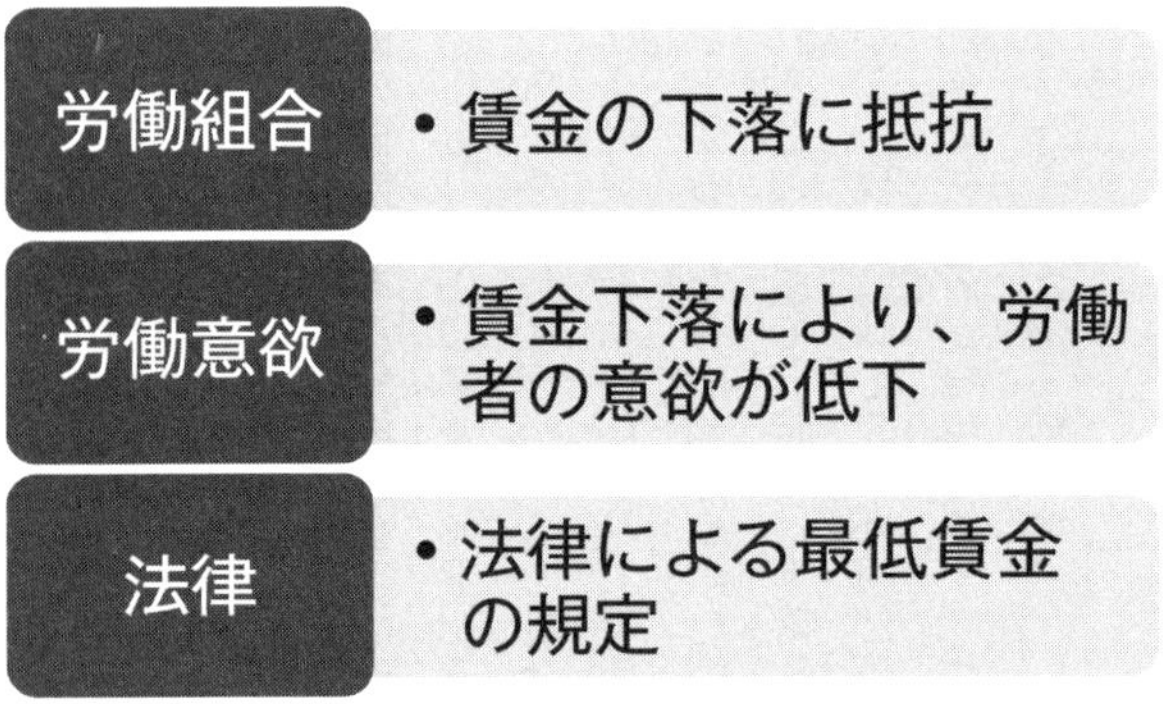

労働組合	・賃金の下落に抵抗
労働意欲	・賃金下落により、労働者の意欲が低下
法律	・法律による最低賃金の規定

理由として、稀代の経済学者ポール・クルーグマンは３つの理由を挙げています[8]（**図３**）。

まず考えられるのが、労働者の賃金下落に対する抵抗です。多くの企業には、労働者の権利を守るために「労働組合」が存在します。労働組合は、労働者の賃金が少しでも上がるように、企業と交渉を行います。このため、企業が労働供給と労働需要が一致するところまで労働賃金を下げようとすると、ストライキを起こして抵抗するのです。

また、賃金が下がれば、労働者のやる気がなくなってしまうかもしれません。例えば、今まで時給１０００円で働いていた人が、次の日から時給５００円に下げられてしまえば、労働意欲を失い、真面目に仕事をしないで手抜きを始めるかもしれないのです。そうだとすれば、企業の経営者は、時給を下げるのが得策だとは思わないはずです。

最後に、法律の問題があります。日本では法律で最低賃金というものが定められています。例えば、東京都では労働者に対して支払う時給は、最低でも８８８円以上でなければならないと法律で定められています[9]。このため、もし均衡賃金が700円だとしても、888円が労働賃金の下限になってしまうのです。

これらの要因によって、労働市場では労働賃金が高止まりしてしまいます。このため、労働市場を放っておけば、常に失業者が発生してしまうという、大きな問題が出てくるのです。

●公共事業で失業者を救え

失業者が発生していれば、経済学の考える理想的な状況は達成できません。なぜなら、働けるはずの労働者に仕事がないため、無駄が生じているからです。つまり、生産資源としての労働力がすべて活用されておらず、生産が最大化していないのです。

労働市場で賃金が適切に調整されないのならば、他の方法で失業者をなくさなくてはなりません。経済学的に失業を解消するのは簡単です。賃金が高止まりしているとき、労働者の数は求人の数を上回っている状態です。したがって、求人の数さえ増えれば、失業者はいなくなるでしょう。世の中に仕事が増えれば、働きたい人が働けるようになるわけです。

どのようにしたら求人数が増えるでしょうか。一般的に、仕事が増えるのは、世の中の景気が良いときです。景気が良いときは、モノやサービスが沢山売れ、それらを生産する労働力がより多く必要になるからです。

景気を良くする方法の一つが政府の公共事業です。公共事業とは、政府がお金を出し、企業に高速道路や橋、空港、あるいはダムなどを建設してもらうことを言います。最近では東日本大震災の復興事業や、東京オリンピックに伴う様々な工事もそれに入ります。

図４　公共事業が発注されると……

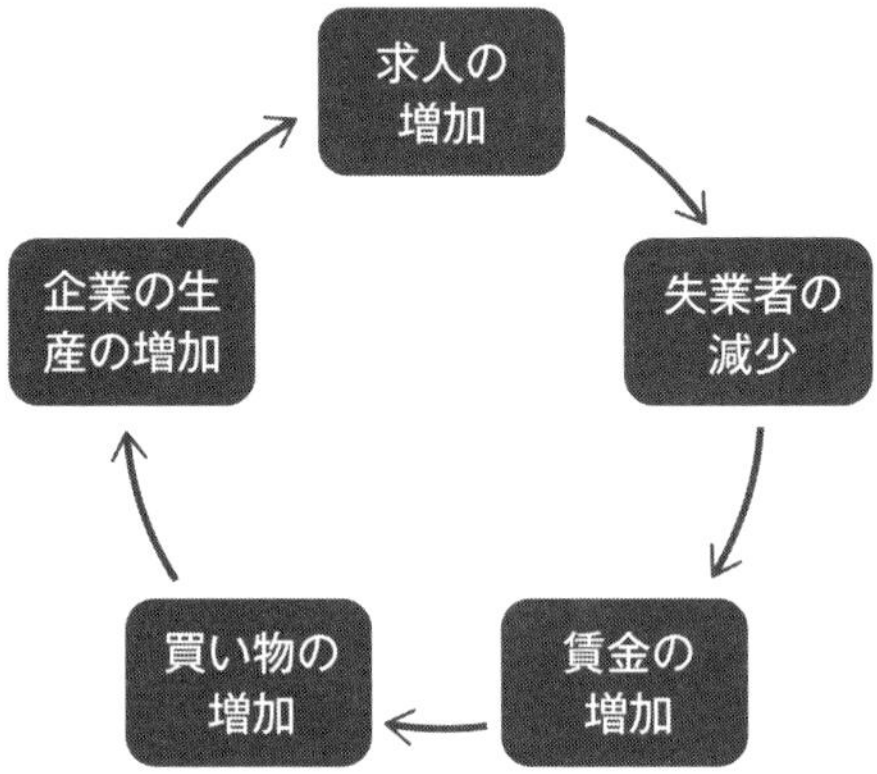

公共事業が発注されると、企業は新たに必要な労働者を雇います。すると、求人が増加して失業者の数が減ります。これは公共事業の最初の効果です。

公共事業の効果はこれにとどまりません。新たに仕事を得た人は、外食をしたり、車を買ったり、携帯電話の機種変更をしたりするでしょう。お給料で買い物をするのです。公共事業によって失業者が少なくなり、買い物が増えれば、景気は少し良くなります。沢山のモノが売れれば、企業は以前より生産を増やします。すると新たな求人を出して労働者を雇うことになります。その結果は先ほどと同じです。あとはこの繰り返しで景気が回復していき、失業者はいなくなるのです（**図４**）。[10]

このように価格調整機能が働かない場合には、政府が景気を良くすることによって失業者を減らし、市場の代わりに無駄をなくすことができるのです。

おわりに

経済学の目的は無駄のない世界を達成することでした。そのためには、何を優先的に生産するかを選択し、希少な生産資源を最大限活用し、我々の無限の欲求を少しでも多く充足する必要があります。これを達成するため、経済学は二つの方法を提示します。

一つ目は市場の利用です。市場では価格調整機能が働き、価格の上昇と下落を通じ、需要量と供給量がそれぞれ調整されます。やがて市場で均衡価格がつくと需要量と供給量は一致します。

一方、このような調整がスムーズに働かないとき、政府が市場に介入することが必要です。過大な供給に対し、需要を拡大することによって、需要量と供給量を等しくするのです。二つ目の方法とは政府による数量の調整なのです。

本稿でお話したのは経済学の初歩です。現在ではより高度な研究がおこなわれていますが、どのような研究も、ここでお話した経済学のエッセンスを必ず含んでいます。もし経済学を勉強する機会があれば、本稿でお話した内容を思い出して、学習を進めると良いでしょう。

【注】

（1）「近代経済学」がどの範囲を示すのかについて各説が存在します。

（2）Samuelson and Nordhaus（1998）p.4.

（3）このように供給量が需要量を上回っている状態のことを「超過供給」と呼びます。逆に、需要量が供給量を上回っている状態のことを「超過需要」と言います。

（4）スーパーマーケットのお惣菜をイメージしてみて下さい。閉店時間に近くなるにつれて、残っているお惣菜は値引き販売されていきます。デパートの春・夏のセールも同様です。売れ残った衣料品について、各ブランドは一斉に価格を落として販売します。

（5）十分に機能しない場合というのは、他の市場よりも調整に時間がかかるケースも含むものとします。

（6）つまり、労働者は１時間当たり９００円で自分の労働を売り、企業は１時間当たり９００円で労働者の労働を買うことになります。

（7）先ほどの例のように、時給が下がった結果、自発的に働く意思を失った人は失業者と言いません。失業者とは、現行の賃金において働く意思があるが仕事のない人の事です。この意味で、バイトに落ちた25名は１５００円で働きたかったけれど、仕事にありつけないわけで、失業者になるわけです。

（8）Krugman and Wells（2006）p.371.

（9）平成26年10月１日現在です。

（10）この過程を乗数効果と呼びます。

【参考文献】


ニューズウィーク日本編集部（２０１０）、『経済超入門』、阪急コミュニケーションズ。

増澤俊彦他（２００４）、『経済学の世界』、八千代出版。

山田久他（２００８）、『入門ミクロ経済学』、実教出版。

山田久他（２０１０）、『入門マクロ経済学』、実教出版。

Krugman, Paul and Robin Wells（2006）, *Macroeconomics*, Worth Publishers.

Samuelson, Paul and William Nordhaus, D.（1998）, *Economics*, Irwin/McGraw Hill.

コラム

微分に再挑戦！

葉山幸嗣

高校生のときに微分を諦めた人は多いのではないでしょうか。計算は難しくても、微分の概念は簡単です。ここでは微分とは何かをお話しします。

デートの回数と相手からの好意を例にして考えてみましょう。デートの回数が1回増えるたびに相手からの好意が増すとします（恋愛が成功するパターンですね）。拍子抜けするようですが、これが微分です。微分とは何か関係がある2つの事柄があるとき、片方が変化するともう片方がどのように変化するのかを調べるものなのです。

他の例を考えてみましょう。互いに関連する2つの事柄なら何でも結構です。「食事を1回摂ると体重が2キロ増えた」、「ゲームでモンスター1匹倒したら経験値が20増えた」、「1時間勉強したら頭が少し良くなった」、これらはすべて微分をしているのです。

数学では互いに関連する2つの事柄を、それぞれXとYと表記します。Xがちょっとだけ変化したとき、Yがどれだけ変化するかを調べるわけです。

Xがちょっとだけ変化したことをΔX（デルタエックス）、それにともないYがちょっとだけ変化したことをΔY（デルタワイ）と表します。そしてXの変化に対してYがどれだけ変化するかを調べるのは$\Delta Y/\Delta X$（デルタワイ・デルタエックス）と表します。

デートと好意の関係を微分式で表せば「⊿相手からの好意／⊿デートの回数」となりますね。それでは食事と体重だったらどうでしょうか。もうお分かりですね。「⊿体重／⊿食事の回数」です。

こう考えると、私たちの生活には多くの微分が関わっていることに気が付きませんか。1歩歩くと40センチ進むとか、お風呂を1分間追い炊きしたら湯温が2度上がるとか、アルバイトを1時間したら９００円給料が増えるとか、考えたらきりがありませんね。

もしあなたが経済学を勉強するならば微分に出会うはずです。しかし恐れることはありません。初学者が経済学を学ぶときには、本コラムでお話した微分のことが理解できれば十分だからです。

第７章

イギリスにおける福祉手当の不正受給問題

樋口弘夫

サン紙（The Sun）のキャンペーン

サンは本日、読者に対し、昨年12億ポンドにのぼる被害をわが国に及ぼした社会保障の不正受給に終止符を打つべく支援を呼びかける。本紙は、イギリス国民にたいし、わが国の財政が立ちゆかなくなっている最中、正直な納税者からお金をくすねている詐欺師を探しだすよう訴える次第である。

２０１２年の3月、２７５万人の読者を擁するイギリスのタブロイド紙「サン」が、「福祉手当の不正受給を叩き潰せキャンペーン」（the Sun's Beat the Cheat campaign）を行いました。本キャンペーンは、読者の愛国心に訴え、福祉手当の不正受給者に関する情報を、サン紙の不正ホットラインまで知らせるよう呼びかけたのです。本キャンペーンには、「障がい者手当」受給者が、スポーツや障がい者には不可能と思われる活動に参加しているといった記事が添えられ、世論の大きな反応を引き起こし、読者からは、お隣の障がい者手当受給者が、ダンスやゴルフをしたり、フットボールの審判をしているといった情報が次々と寄せられました。

●当時の報道

「高級紙」のガーディアン紙（the Guardian）は、このキャンペーンについて次のように報じました。

「まずもって、全ての障がい者が車いすや歩行補助具を使ってはいないことである。」

誰にも分かる障がいもあれば、一見したところでは気づかない障がいも存在し、実際には後者が多いということです。

「イギリスには、筋ジストロフィ患者だけでも7万人がいる。さらに、筋萎縮に関する60以上の疾病が存在し、それらが患者にどのような影響を及ぼすかについて、サン紙の読者のどれだけが知っているだろうか。」

記者自身も、筋肉が弱まりやがて筋萎縮と感覚障害を発症するシャルコー・マリー・トゥース病（CMT）という難病を抱えていることを明らかにしたうえで、「世の普通の人々は結局のところ医療の専門家ではないのである」として根拠のない誤解により混乱が引き起こされる可能性を指摘しました。

サン紙に掲載された「不正受給」9件のうち5件までが障がい者手当に関するもので世論への影響が心配されたのです。

筋ジストロフィー症の支援団体によれば、インタビューした若年障がい者の3分の2が言葉による虐待を経験していました。その理由として、障がいを誇張していた、ないしは、障がいの振りをしていた、があげられました。「イギリスの経済危機が続く限り、障がい者は、政府や地方当局内部の専門家から、より野蛮な判断を下されることになるだろう」そして、最後に「もしあなたが車いすを利用せずに、ブルーバッジ（障がい者を示すバッジ）を身につけたり、不用意にバスで座ったりすれば、牛に赤い布を見せるに等しいことになる」と注意を喚起しています。

1942年、ベヴァリッジにより提案された社会保障計画により、イギリス国民は、第2次世界大戦以前の社会を通じて公的扶助に付随したスティグマ（stigma）から解放されたと説明されました（スティグマとは、個人が、福祉手当を申請することにより、恥ずかしい思いをしたり、悪いことをしているとみなされ、さらには社会的に低い階層に分類されるような考え方と指します）。しかしながら、大戦後70年の年月を経ても、福祉手当に関するスティグマは必ずしも解消していません。むしろ、福祉手当申請者にたいする中傷を通じて、世論にも猜疑心と憤りが広がっているように思われます。

ガーディアン紙が述べたように「私たちは社会として、障がい者の活動的な生活を妨げているバリヤーを取り除くよう努めてきた。その結果、障がい者は家族や友人との外出を楽しめるようになり、地域の諸活動にも参加できる、ジムにも通えるし、大学に通学してクラブやサークルにも参加できるようになった」のではなかったでしょうか。

イギリス政府の「不正受給との闘い」

どこの国でも「むだ飯食い」を許さないために、何らかの「不正受給との闘い」が行われていますが、とくに熱心に取り組んでいる国としてイギリスはよく引き合いにだされます。

イギリス雇用年金省のホームページ（**図1**）には冗談のような大きなスミス大臣の顔が掲載されています[1]（https://www.gov.uk/government/organisations/department-for-work-pensions, 2015年7月30日最終閲覧）。この表紙で“fraud”（詐欺）を検索すると、“Report benefit fraud”というページがみつかります。政府のホームページに、福祉手当とスティグマを結びつけるような言葉が堂々と用いられているのです。「もしも、あなたの周囲で、福祉の不正受給をしていると思われる人物がいるなら、雇用保障省までオンラインでお知らせください。」この呼びかけに応えて“Start now”をクリックすると、**図2**のページが開き、不正をしている（と思われる）本人とそのパートナーについて、各々の詳細を選択、記入する欄がこの下に続きます。「福祉手当の不正受給について匿名で教えてください」（何と上品なことでしょう！）と、電話で秘密に報告したい場合の連絡方法も加えられています。

このように「福祉手当の不正受給」に厳しいイギリスにおいて、失業手当の申請者はどのように考えられているのでしょうか。ある調査によれば、「寄生虫（parasites）、サボり（skivers）、仕事

図1　イギリス雇用年金省ホームページ
https://www.gov.uk/government/organisations/department-for-work-pensions, 2015年7月30日最終閲覧

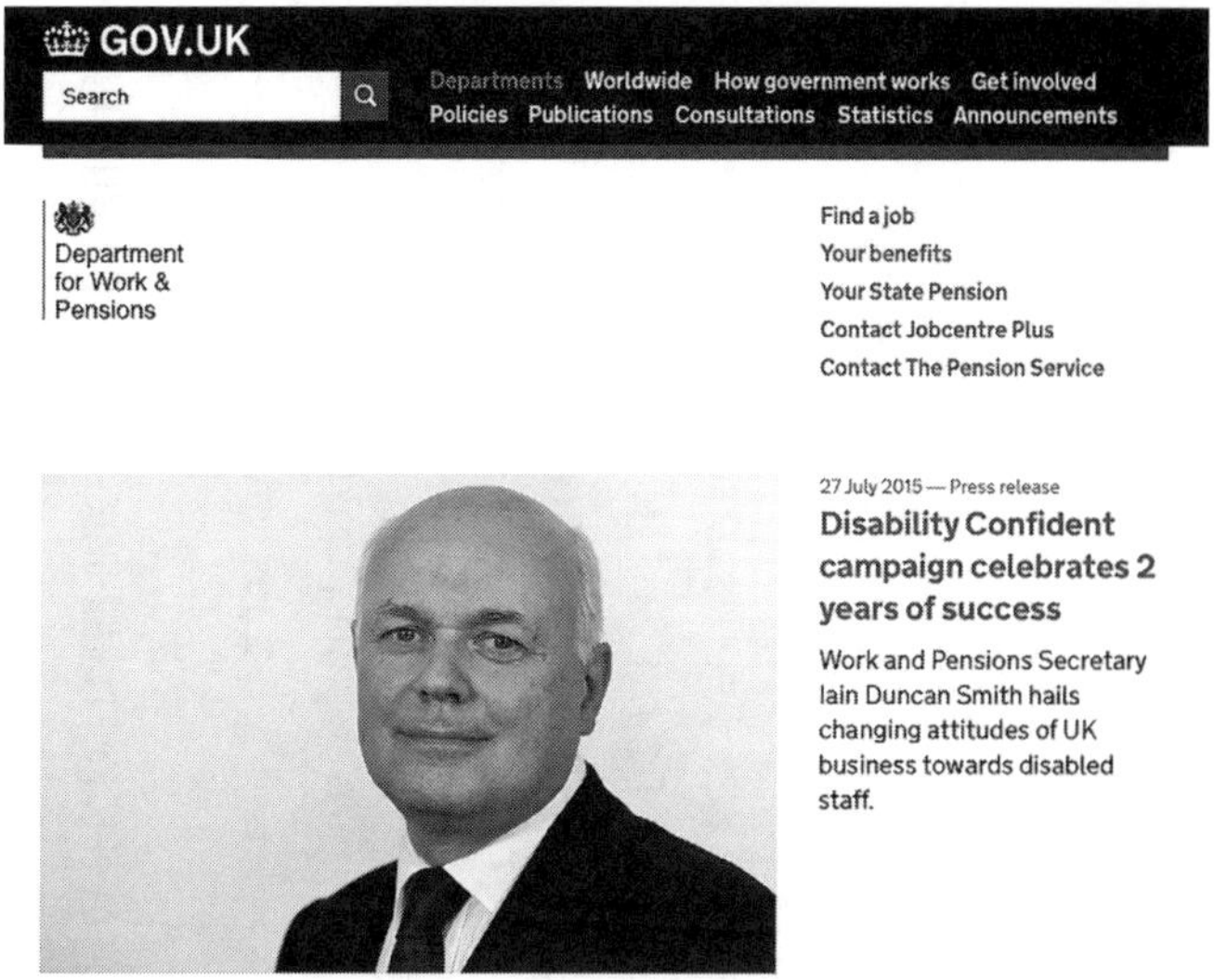

図2　福祉手当の不正受給を通告するページ
https://secure.dwp.gov.uk/benefitfraud/, 2015年7月30日最終閲覧

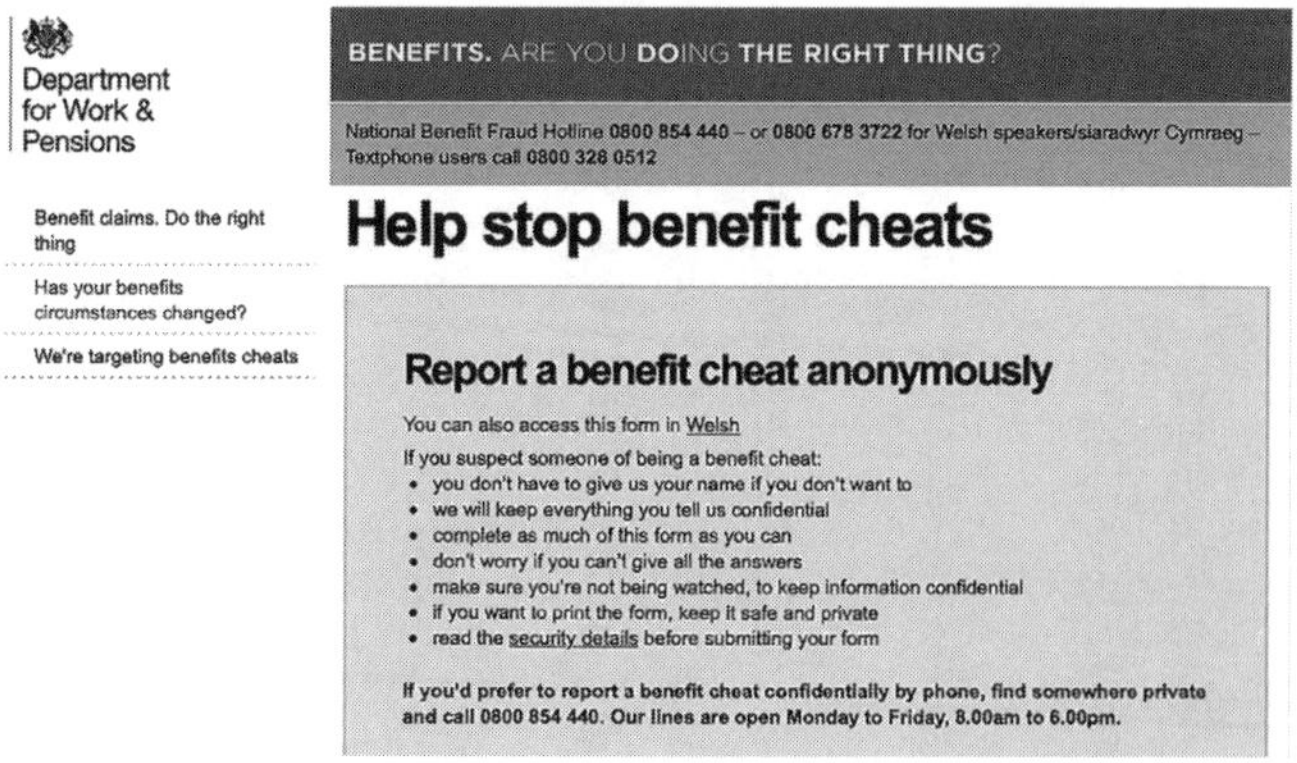

嫌い（work-shy）、怠け者（lazy）、無能（feckless）」といった言葉がならびました。

Benefit stigma（福祉手当申請者にたいするスティグマ）

前述のあまり上品とはいえない言葉は、バームベルグ（John Baumberg）が、２０１２年5月にまとめた報告書“Benefits stigma in Britain”からの引用です。バームベルグは、イギリスにおいて福祉手当申請者に付随するスティグマに関する調査を企画して、１９９５~２０１１年の期間、全国紙における福祉手当に関する記事を分析しました。

例えば、“fraud”と“need”という単語はどのように用いられたのか？　調査結果によれば、「働いたことがない、長期にわたり働いていない」「福祉手当で優雅な暮らし」といったテーマとの関連が指摘されましたが、「福祉手当の不正」が最多でした。およそ29％が「福祉手当」に関連して使われていたことになります。（Baumberg 2012. p.39）

この調査から、福祉手当に関連して次の発見がなされました。イギリスにおいて福祉手当を申請する行為そのものが恥ずべき行為とはいえない、という考え方です。「福祉手当を申請して恥ずかしいと思いますか」という質問にたいし同意する回答は約10％に過ぎなかったのです。（Baumberg p.50, 62）つまり、スティグマが発生するのは、福祉手当を申請する行為そのものというより、申請者がその福祉手当を「受給するに値する」（deserving）と判断されない場合、ということになります。具体的には、申請者のニーズはどの程度のものか、福祉手当申請に至った状況に申請者自身どれほどの責任を有しているか、さらに、申請者はこれまで働いてきたのか、そして今後働くつもりなのか、といったことが考慮されました。(Baumberg p.22)

この「受給に値する」かどうかの判断を大きく左右するものとして、まず考えられるのが個人的な経験です。私たちは、自分の周辺で見聞する福祉手当申請者の様子を見て、どのような印象を持つでしょうか。調査では、申請者自身の疾病や障がいが周囲の人々にどの程度理解されているかという質問にたいし、道で出会った人の場合、申請者自身の状態について理解できているとみなされたのは、わずか21％でした。申請者自身が疾病や障がいについて告知するまで理解されなかった割合は39％という結論が得られました。そうであるなら、見ず知らずの障がい手当申請者にたいし、手当を「受給するに値する」と判断することが可能だろうか、とバームベルグは問いかけるのです。(Baumberg p.59)

●個人的経験とメディアにおける情報

バームベルグはメディアの情報が人々の判断に影響を与えていると考えました。

本調査によれば、福祉手当を攻撃する新聞をよく読んでいる人々には、不正受給を見つけ、それを告発する傾向が顕著であるという結果が導かれました。各新聞の読者層に関する偏りを考慮しても、この結果は変わりませんでした。さらに、インタビューに先立ち、手当の不正受給に関する情報を聞かされた人々は、高い割合で福祉手当申請者にたいしネガティブな回答をしたという結果が得られました。メディアの記事が読者の考え方を大きく左右していることがご理解いただけたと思います。

例えば、不正受給が蔓延する地域で「受給に値しない」人々を見ていることにより、不正に敏感になり周囲の不正を報告するようになる、とする仮説があります。本調査を通じこの仮説には、「もしも当初から手当申請者をネガティブに考える傾向がある場合」という条件が加えられました。つまり、福祉手当申請者にたいしあえてスティグマの烙印を押そうとする人々は、あらかじめ得られた何らかの情報により、福祉手当申請者は「受給に値しない」と判断し、さらに「福祉手当申請者は誰でも皆受給に値しない」とみなす傾向が強いのだ、というわけです。

これと並んで、社会階層、教育水準といった要素も取りあげられました。つまり、社会階層が低く、教育水準が低いほど、福祉手当申請者にたいしスティグマの烙印を押す傾向が強いという結果です。こうした人々は、福祉手当申請者にスティグマの烙印を押すという行為を通じ、自らのアイデンティティを鼓舞すると同時に、自らの不安や不満を解消していると推測されました。

バームベルグによれば、福祉手当申請者が「受給に値する」かどうかの判断は、個人的経験そのものというより、その経験以前に福祉手当に関連して得ていた情報に大きく影響を受けていたことになります。

当初の議論に戻るなら、社会福祉手当にスティグマを生じさせるのは、世論に認められた「受給するに値する」かどうかに関する判断です。これまでの検討を踏まえて、イギリスにおける社会保障をめぐるこうした世論は、福祉手当申請者は「受給に値しない」と考えるように仕組まれているとバームベルグは指摘しました。

冒頭のサン紙のキャンペーンが決して新聞社独自の宣伝活動ではなかったことは明らかで、当時の雇用年金大臣である保守党のスミス（Ian Duncan Smith）の後ろ盾が広く認められます。

こうして、イギリスにおける福祉に関する世論形成は、悪循環にはまってしまったとバームベルグは結論づけます。ベヴァリッジが目指した、スティグマのない社会保障制度から大きく逸脱してしまったと言えましょう。

●福祉に依存する文化

「福祉手当申請者が社会に寄生している」という福祉手当に関するネガティブなイメージは、新聞などのメディアが世論形成に影響力をもつようになる以前からすでに存在しており、「福祉手当に依存する貧民を拒否する考え方ははるかに根深い」との意見もありました。こうした考え方はイギリスにおける日常的な経験に根付いており、人々の判断に大きな影響を与えてきたと思われます。

この考え方によれば、イギリス社会には「福祉に依存する文化」が存在しており、それゆえ、福祉手当を申請すること（その行為）により社会的に非難されることがないのだと説明されます。さらにバームベルグは、この文化により福祉手当申請者のみならず、その家族、友人や隣人も同じくスティグマを免れていると主張している人物として、マレイ（Charles Murray）の名前をあげます。（Baumberg p.56）彼は「福祉に依存する文化」の担い手とした「アンダークラス」（Under-class）をとりあげ、その価値観が「周辺の近隣全体の生活を汚染しており、こうした価値観を共有しない隣人にとっても隔離不可能な、最も油断のならない考え方である」とその危険性に注意を

喚起しました。(Murray p.26)

マレイとアンダークラス（Underclass）

マレイは米国において保守派の論客として、1980年代から福祉削減の主張を後押ししたといわれます。1989年、タイムズ紙の招きでイギリスを訪れ、調査を行い「イギリスにおけるアンダークラスの登場」（1990）を発表し、イギリスにおいてアンダークラスが社会問題化していることを訴えました。1987年の資料に基づいたこの論文の後、5年後の資料をもとに「深化した問題」（1994）をまとめ、この問題はより深刻になったと主張しました。マレイによれば、アンダークラスとは、単に失業しているとか、所得水準が低いというだけでなく、「自ら働くという労働倫理を持たず、寛大な福祉手当に依存することに慣れてしまった人々」であり、既存の階級とは全く異なる「文化」や価値観をもつ存在でした。

●バーケンヘッドの父親

マレイはアンダークラスを説明するにあたり、「バーケンヘッド（Birkenhead）の父親」を好んでとりあげます(2)。

マレイはバーケンヘッドに住むある男性から、彼の娘が主演するクリスマスの劇を観に学校へでかけたとき、その場所に父親は彼一人だった、他に父親がいる子どもはいなかったという話を聞きます。

この夫婦は自分たちと同じように、礼儀正しく、思いやりのある人物となるよう娘たちを育てましたが、その教育方針により、娘はいじめられてしまいます。子供たちは両親が経験したことのない「脅威」にさらされ、自らを守るために攻撃的にならざるを得ない現状を前にして、母親は「子どもたちが周囲の子どもたちと同じように攻撃的になってしまうことを止められない」と怒りながら、マレイに話したのでした。

これが、さきに述べた、アンダークラスの価値観が「周辺の近隣全体を汚染する……」ということであり、この夫婦のような「こうした価値観を共有しない隣人」もアンダークラスの価値観を「隔離することは難しい」こと、そして、その影響から逃れられない様子が強調されます。

この家族の話を通じてマレイは「家族に父親が欠けていること」が子どもの成長に決定的な影響を及ぼし、その将来の芽を摘んでしまう、と主張します。そうした地域で育った子どもがその後も社会性を十分に身につけられないことにより、青年になってからも「仕事が提供されてもそれに就こうとしない」といった「嘆かわしい行状」をとるようになり、まさにこうした行状によりアンダークラスと判断されることになります。

●寛大な福祉手当とアンダークラス

これはシングルマザー、ひとり親についても同様とされます。「深化した問題」のなかで、マレイはシングルマザーに対する寛大な手当制度が婚外子を増加させたとして、イギリスの福祉制度を批判しました。妊娠に気づいた少女は、かつてのように失業したばかりのボーイフレンドとの結婚を望む必要はなかった、なぜなら、シングルマザーへの寛大な手当制度が結婚の代替機能を果たしていたから、といった具合です。

こうした寛大な手当制度が存在するなら、景気が回復しても彼女のボーイフレンドはすぐに仕事に就こうとはしないかもしれない、つまり、彼女が手にする手当制度による生活水準を下回るような仕事にあえて就く必要はないからです。マレイは「完全雇用は優れた政策目標であり、その達成により結婚が促されることになろう。しかし、……雇用状況の好転そのものが婚外子に何らかの影響をもたらすと考えられる根拠は存在しない」と主張します。(Murray p.124)

それではこの問題はどのように解決されると考えられたのでしょうか。「社会保障の構造を、保険給付が中心であった1960年代に戻すだけでよい」これがマレイの解決策です。「過去には、経済の法則が幼子を抱える未婚の女性にたいし、堪え難い経済的懲罰をくだしたものであった。……国家が干渉をやめるなら、あたりまえの経済的懲罰が生じる」として、シングルマザーに対する手当制度といった「不適切な」政府干渉の撤廃を求めたのです。(Murray p.126)

マレイの解決策をめぐって

もちろん、こうしたマレイの解決策により当初の目的が達成されたとは考えられません。未婚の母親とその子どもたちへの手当が失われるなら、マレイの判断に照らしてもよき母親とその子どもたちも同様に「適切な補助」を失うことになるからです。かつての救貧法（Poor Law）のように、「保護に値する（deserving）」親と子どもたちを、「保護に値しない（undeserving）」親と子どもたちから区別することが必要となりますが、救貧法下ではその区分が大いに問題となり、結局は救貧法体制そのものが解体に追い込まれました。マレイが提起した解決策は、歴史のなかですでに否定されています。

「福祉手当を申請して恥ずかしいと思いますか」という質問に同意する回答は約10％に過ぎなかったことを思いだしてください。こうした考え方は、福祉手当受給者のみならず、手当を受けていない人々にも受けいれられていたことになります。マレイは、特に福祉手当申請者が多い地域では、福祉手当を申請することが非難されないとして「福祉に依存する文化」を問題視しました。しかし、バームベルグは、福祉手当申請者と非申請者を問わず、手当申請そのものへの反感が低いことを明らかにして、マレイの問題設定そのもの（つまり、「福祉に依存する文化」）に疑問をなげかけているのです。

マレイの理論は、その統計的資料の妥当性に関する議論はさておき、中心的な論点において、その論理的な展開は検証に耐えるものではありませんでしたが、ウォーカー（Alan Walker）も指摘したように「論文というよりパブでの話」に近いこの内容が、人々の社会に対する形にならない不満を引きつけるうえで効果的であったとみなすことも可能です。バームベルグが「福祉に依存する文化」を唱える代表者としてマレイの名を挙げた理由も頷けます。

福祉手当を諦める人々

バームベルグは、「詐欺」“fraud”という単語が用いられる頻度の多かった記事の分類を**表1**のようにまとめています。これによれば、政治家の発言が中心となる政治記事が、「詐欺」という言葉を用いた記事全体の70％近くを占めていたことになります。

さらにバームベルグは、メディアにおける福祉手当に関するネガティブな記事の情報源が、ウエストミンスター、つまり、政府、議会周辺であったこと明らかにしました。ほぼ80％が中央政府周辺であり、大半が大臣や議員の声明、特別委員会報告書、つぎにシンクタンクや圧力団体がこれに続きました。つまり、イギリスのメディアが福祉手当詐欺に固執しているように見えるなら、それは政府の中心にいる政治家たちの考え方が色濃く反映されていると考えられます。一連の歪んだ新聞報道を導いたのは他ならぬ福祉行政だったことになります。

再び、イギリス雇用年金省のＨＰを見てみましょう（https://www.gov.uk/government/uploads/system/uploads/attachment_data/file/222694/fem_1011_revised2.pdf, ２０１５年7月30日最終閲覧）。冒頭のサン紙がとりあげた、福祉手当の不正受給の12億ポンドについて、ＨＰ上の情報を踏まえてまとめたのが、**表2**です。

不正による超過支給が福祉手当の総額に占める割合は、０・８％にすぎません（この数値は、2

表１　「詐欺」という言葉に言及した記事分類の割合（%）

	個人	政治	統計	その他
1995 ～ 2011 年	12	68.3	18.3	1.5

出所：バームベルグ（2012）p.39

表２　福祉手当制度における不正とエラーの推計（2010年11月）

福祉手当総額	1,534億ポンド（100%）
不正による超過支給	12億ポンド（0.8%）
エラー等による過少支給	12億ポンド（0.8%）

出所：雇用年金省ホームページより筆者作成

００５～２０１４年の期間、０・８％以下でした）。

これに対して、事務局のエラーなど何らかの理由で手当の支給額が本来の金額を下回った総額も、同じく12億ポンドでした。「むだ飯食い」を許さないために「不正受給との闘い」を行おうとするイギリス政府の説明に理解できる部分もあります。しかしながら、そうした政府の施策により、十分な手当を受給できていない、あるいは、受給そのものをあきらめている人々が生じている様子がうかがえます。

こうした事実を無視して、イギリス政府は福祉手当の不正受給問題を強調し、その回収に数億ポンドを投じました。その根拠には、福祉手当を申請する人々を、イギリス社会の文化や道徳と相容れない人々＝アンダークラスとして排除しようとするマレイに代表される考え方が見え隠れします。

金額から見るなら、より悪質な脱税のほうが国家財政へのダメージは大きいはずですし、その摘発に注力するなら財政赤字解消にも役立つでしょう。つまり、「不正受給との闘い」はコストに見合わないばかりか、本来福祉手当を「受給するに値する」人々にたいし申請を抑制させるだけでなく、スティグマの烙印を押すような世論を形成して、社会に亀裂を生み出してしまう危険性をはらんでいます。

現在、私たちの社会は、本来受給できるはずの手当を諦めさせているのか、それとも、社会保障に対する自らの正当な権利を尊重しているのでしょうか。それを決定するのは主権者である私たち一人ひとりの市民です。

【注】

（1）労働党のブレア政権当時、イギリス陸軍出身で影の国防大臣であったスミスは、ブレアのイラクへの英軍派遣に際し、保守党の方針に反してまで、全面的に英軍派遣に賛成しその実現に寄与したことで有名です。この件が響いて後に保守党内で失脚したことは広く知られておりますが、その彼が雇用年金大臣であったことは皮肉といえます。

（2）バーケンヘッドはリバプールのマージーサイドに位置し、かつて船舶業が有名であった、典型的な製造業不況の地域です。

【参考文献】

Baumberg, John（2012）Benefits stigma in Britain, London: Elizabeth Finn Care/Turn2us.（available at https://www.turn2us.org.uk/T2UWebsite/media/Documents/Benefits-Stigma-in-Britain.pdf)

Murray, Charles（1996）Charles Murray and the Underclass, London: The Sunday Times.
Talsania, Krishna "Are Sun readers ready to 'Beat the Cheat' armed with the facts?", The Guardian, 7 March 2012.（available at http://www.theguardian.com/commentisfree/2012/mar/07/sun-beat-the-cheat-benefits. 30 July 2015）
Sun, 2 March 2012.

コラム

社会貢献という名の資産運用

稲田圭祐

２０１４年からＮＩＳＡ（少額投資非課税制度）の運用が開始され、投機に興味がなかった消費者も投資性の金融商品を注目するようになってきた。投資性の金融商品は、株式、外貨預金、公社債など様々だが、今、政府関係者が最も注目している商品として、２０１０年に英国で導入されたソーシャル・インパクト・ボンドがある。

みずほ銀行の案内文によれば、「ソーシャル・インパクト・ボンドは、金融機関が発行する債券で、購入した機関投資家、個人投資家などに対し、その事業の成果に応じた配当が行われる」ものであり、投資の対象がソーシャル・ビジネスと呼ばれるような公共サービス事業であることに特徴がある。公的分野における資金調達の一種、いわば社会貢献型金融商品と言える。２０１２年には米国のゴールドマン・サックスにより、刑務所事業の資金集めを目的に発行され、受刑者の更生プログラムに使われている。この商品の配当基準は再犯率であり、再犯率が低下した場合には低下の度合いに応じて政府から配当が行われることになっている。

こうした公共サービス事業への投資には成果をどのように客観的に数値化するか等の問題点はあるものの、今まで政府が担ってきた分野をＮＰＯなどに委託させやすくし、政府は成果が出たときにのみ税金を投入すればよいので、財政赤字を抱える我が国にとって、大いに活用が期待できるものであろう。

ただし、投資であるので、当然、元本割れの危険があり、発行に際してはリスクを十分に説明する必要がある。１９８０年に林野庁が１口50万円で総額５００億円を集めながら元本割れを起こし損害賠償請求が起きている「緑のオーナー」制度の二の舞にならないことを切に願うばかりである。

第8章

アジアで進む少子高齢化
――アジアが日本の事例を学ぶ

加藤　巌

はじめに

いま、アジアの新興国は活気に溢れています。都心には高層ビルが林立しています。その足元には華やかな商業施設が広がり、買い物を楽しむ家族連れや若いカップルでにぎわっています。こうした都会の風景から、アジアの若い世代は親世代を上回る生活水準を獲得していることが見て取れます。

ところが、彼らの経済成長の裏側では、深刻な少子化が始まっています。若い女性が生む子どもの数（出生率と呼びます）が減少してきたのです。出生率を反転させることは難しいので、これからアジアの少子化は急速に進むと予測されます。

ひるがえって、半世紀ほど前の日本でだれが現在のような高齢化を予見しえたでしょうか。たとえば、１９６４年の東京オリンピックのころに20歳前後だった日本の若者は、自らが高齢者の仲間

図1　経済発展と少子化・高齢化の進行

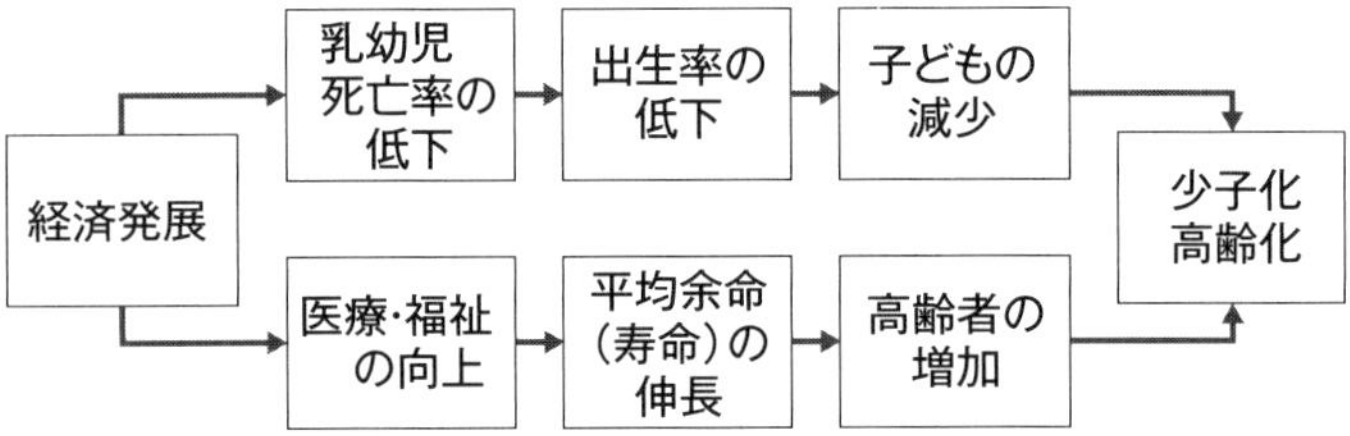

出所：吉田寿三郎（1981）『高齢化社会』講談社 pp.43-48を参照して作成

入りをする2010年代のはじめごろに（人口に占める）高齢者の割合が25％を超えると想像できたでしょうか。恐らく困難だったはずです。

同じことがアジアの大都会を颯爽と歩く、そして今世紀の半ばごろに高齢者となる（アジアの）若者についても指摘できるのです。

高齢化とはなんだろう

議論を始める前に、まず、高齢者（お年寄り）の定義を紹介しておきましょう。国連人口局では65歳以上の人々を高齢者としています。つまり、世界的に「おじいちゃん・おばあちゃん」といえば65歳以上の人なのです。[1]

また、社会の高齢化に関する定義は、人口に占めるお年寄りの割合が7％を超えると「高齢化社会」、14％に達すると「高齢社会」、さらに21％を超えると「超高齢社会」とされています。ちなみに、日本は高齢者比率が25％を超えていて、すでに超高齢社会となっています。

高齢化の話をする時に気を付けておきたいことも述べておきます。

そもそも長生きするということは、多くの人にとって喜ばしいことです。昨今のように、健康で長寿の人が増えているということは、その社会が優れていることの表れでもあります。

では、高齢化の問題とはなんでしょうか。その答えは、高齢者を支えるための負担を人々が次第に重たいと感じていくことに行き着きます。

すなわち、長寿社会は高齢者が増えていくとともに出生率の低下に悩まされていることが多いのです。すると徐々に総人口に占める高齢者の比率が上昇します。これでは以前より少ない若者が、より多くなった高齢者の暮らしを支えていくことにつながります。こうして、高齢者を支える負担の増大が問題視されていくのです。

したがって、アジアの高齢化を考える際にも、その表裏一体となっている、若い人たちの負担が増えすぎないような目配りが必要となります。

社会が高齢化していく道筋

社会全体が高齢化していく道筋についても説明しておきましょう（**図1**）。これまでの先進国における経験則では、まず、ある社会で経済状況が良くなると、乳幼児の死亡率が下がり、平均寿命（余命）も伸びてきます。この段階ではごく単純に人口が増加していきます。この人口増加は、さらなる経済活動の拡大をもたらす作用を持ちます。

この段階を超えると、徐々に出生率、すなわち、１人の女性が生む子どもの数が減ってきます。

例えば、以前は1人の母親が5人の子どもを産んでいた社会でも、現在は1人の女性から生まれてくる赤ん坊が3人以下になったといった場合があるでしょう。

ただし、まだこの段階でも出生率の低下は大きな問題とはなりません。それは、社会の中で（これまでに生まれ成長した）若者のボリュームが膨らんでいるため、労働市場では働き手が十分に確保され、かつ、旺盛な消費者も多いので（将来の）高齢化の問題が見通しにくいからです。

しかしながら、この段階を過ぎると、少子化の弊害が徐々に取り沙汰されるようになります。日本の経験からも明らかなように、出生率の大幅な改善は困難であるため、人口に占める高齢者の比率は伸びていきます。

同時に社会の成熟に伴い、未婚率も上昇する傾向を持つので、さらに子どもが生まれにくい状況となってしまいます。こうして経済的に豊かになった社会は段々と少子高齢化に向けたループから抜け出すことが難しくなっていきます。

所得と出生率の関係

図2は、国連のデータを基に作成したものです。1つの点は、1つの国を表しています。縦軸は出生率を、横軸は国民1あたりGDPの大きさを示しています。ここで、国民1人あたりGDPとは、その国の1人あたり所得（年収）と置き換えることもできるでしょう[2]。

両者の関係を見ると、おおむね反比例となっています。つまり、所得の低い国（貧しい国）は出

図2　出生率と1人あたり所得の関係（世界191ヵ国・地域）

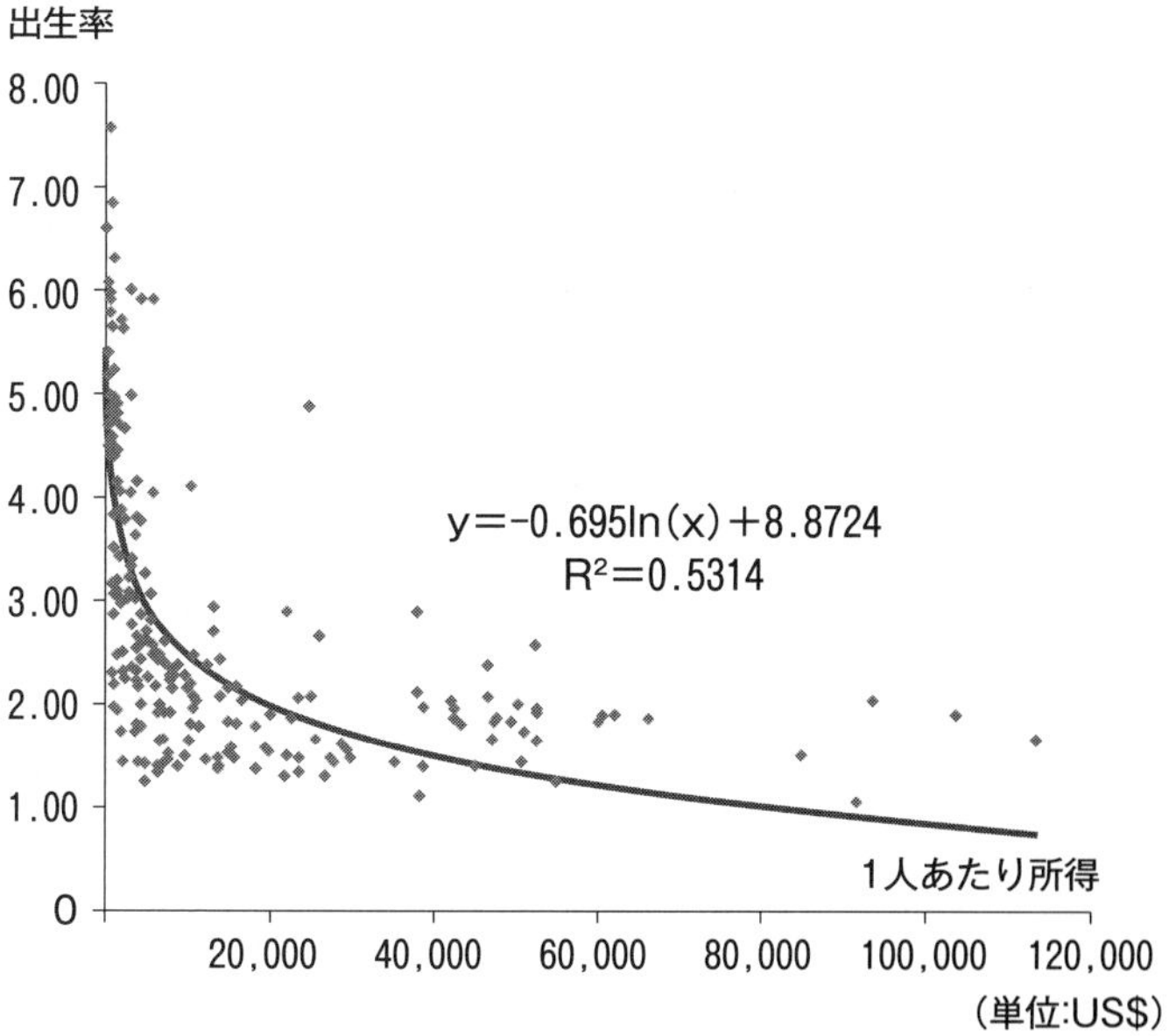

出所：United Nations, World Population Prospect, 2015およびNational Accounts Main Aggregates Database, 2015より作成
注：US $は米国ドルのこと

生率が高く、逆に、所得の高い国（豊かな国）では出生率が低くなっています。

このデータ分布図は、ある一時点での各国の指標を示したものですが、この図からは、ある国の所得が増加していけば、その出生率が下がっていくことが読み取れます。ごく大雑把に言って、ある国の1人あたり所得（年収）が1万ドルへ近付くにつれ、急速に出生率が下がっていきます。その後、2万ドルを超えるあたりから、所得の増加に対する出生率の減少は緩やかなものとなります。そして、高所得国になるとおおむね出生率

図3　出生率と1人あたり所得の関係（アジア28カ国・地域）

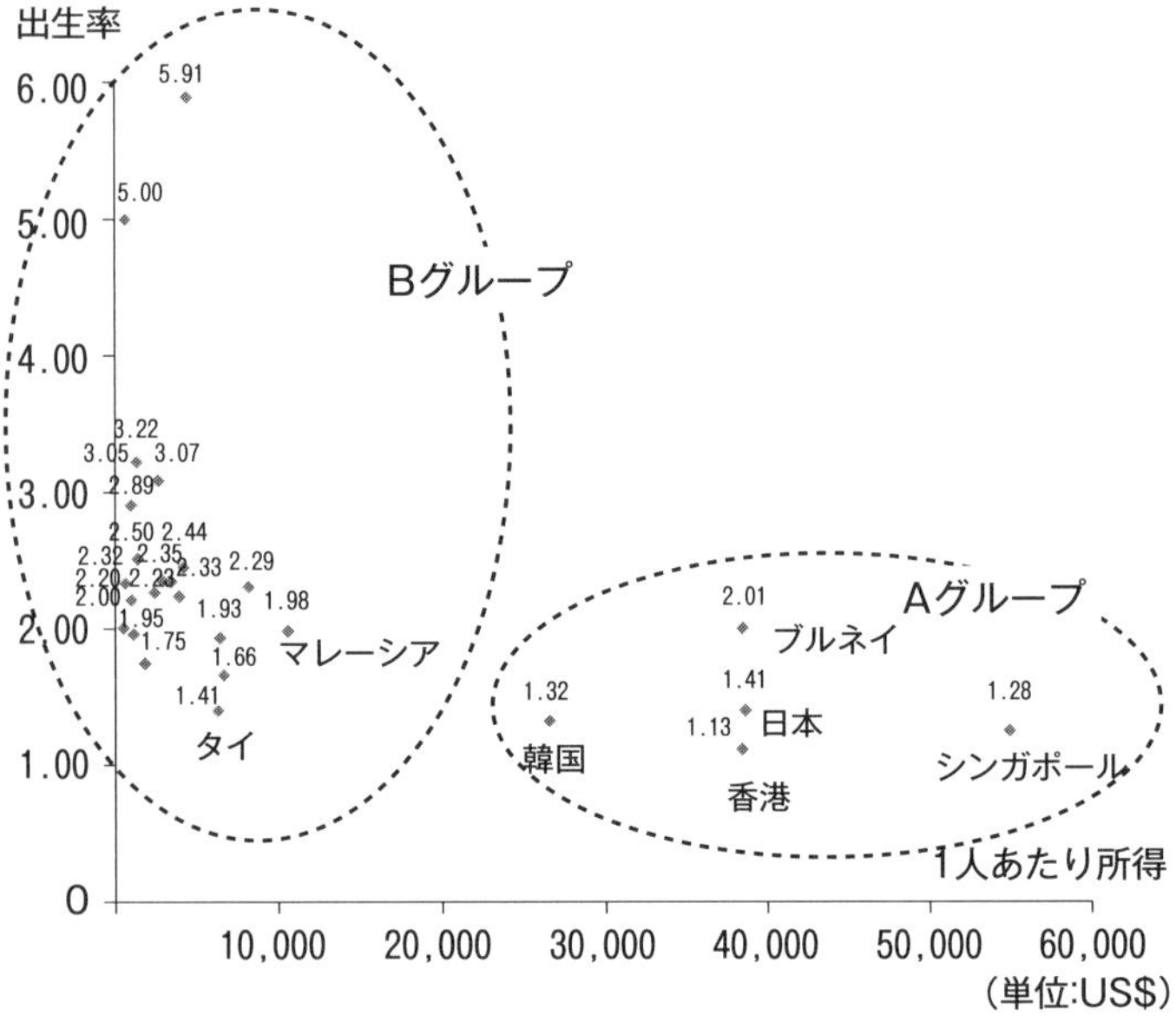

出所：United Nations, World Population Prospect, 2015および National Accounts Main Aggregates Database, 2015より作成

が2・0を割り込んでしまうようです。

アジア各国のデータも見てみましょう。**図3**は、図2と同じように国連のデータを利用して、アジア地域の所得と出生率の関係を示しています（28カ国・地域）。

図3では、アジアの国や地域を所得水準の大小で二つに分けています。図中の右下に位置するAグループは、所得の高い順にシンガポール、ブルネイ、日本、香港、韓国の5カ国・地域です。このグループは1人あたり所得が2・5万ドルを超えている一方で、おおむね出生率が2・0を下回っています。

つまり、Aグループは1人の女性が生涯で2人より少ない子どもしか産まない国々であり、これでは、現状の人口規模を維持することはできません。人口規模を将来にわたって維持しようとするならば、1人の女性に2人以上の子どもを産んでもらう必要があります。

したがって、Aグループの国々は現状の出生率のままでは、海外から移民を受け入れるなどの施策を取らない限り、将来のいつかの時点で人口が減少に向かうこととなります。実際、すでに日本では1年間の死亡者数が同じ年に生まれて来る新生児の数を上回るようになっていて、総人口が減少し始めています[3]。

一方、Bグループは上記の5カ国・地域を除く23カ国です。グループ内で一番所得水準が高い（つまり、グループ内で一番右側に位置する）マレーシアは、その出生率が1・98であり、すでに人口規模を維持する水準を割り込んでいます。タイも同様の状況です。こうした国々は、今後の人口規模の維持に関して楽観は許されません。

このように、アジアの一部の国々では、所得が高くないのに、低い出生率を持つということができてきました。つまり、彼らは十分に豊かになる前に、その出生率を低下させているのです。

アジアの高齢化は早い

どうして豊かになる前に、アジアの国々では少子高齢化が進むのでしょうか。ここでは、まず、アジア各国の高齢化のスピードについて検証してみましょう。

図４　アジア各国の高齢化のスピード

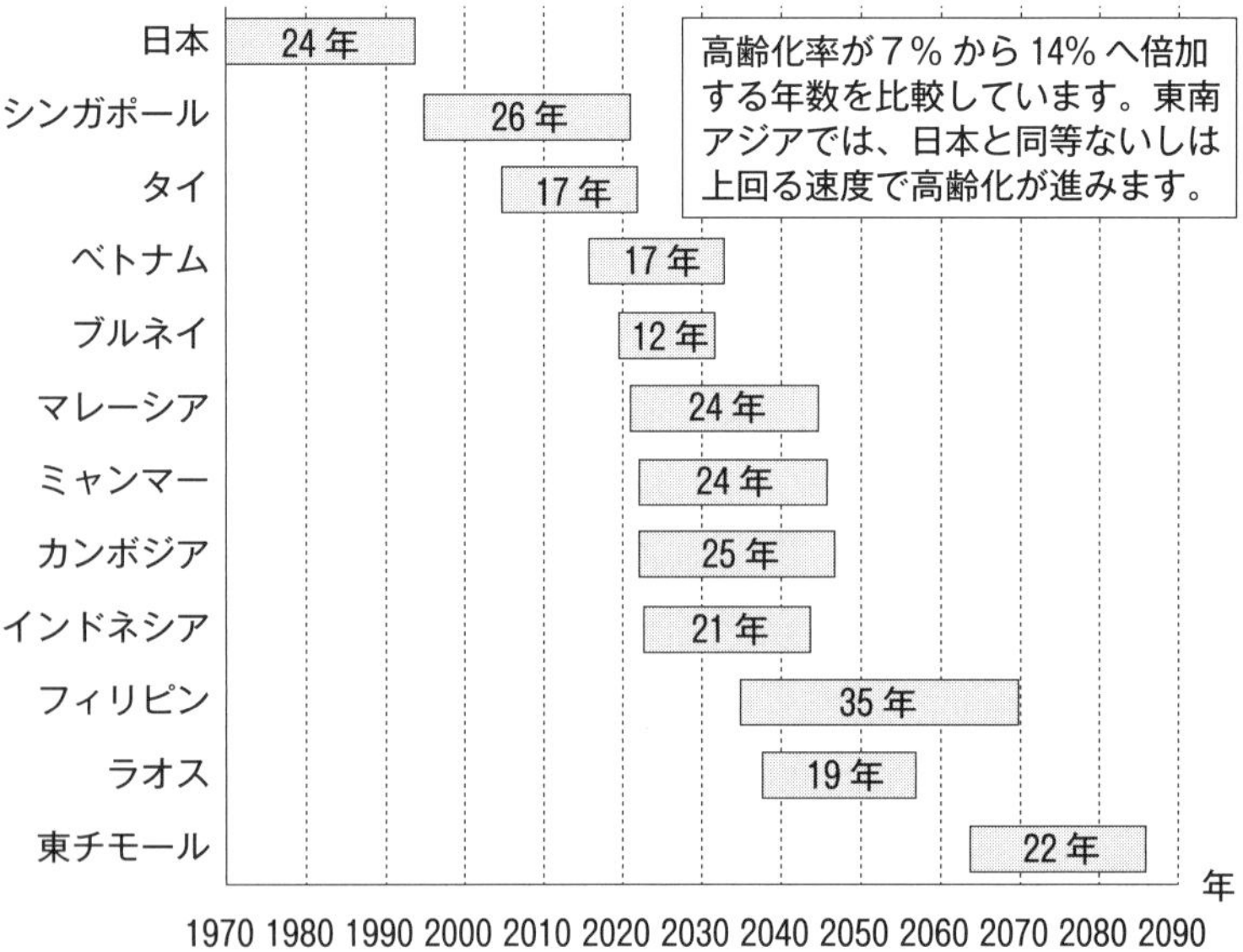

出所：若林敬子「近年にみる東アジアの少子高齢化」『アジア研究』Vol.52, No.2, 2006およびUN, World Population Prospectsから作成

高齢化の進行速度は、ある国が「高齢化社会（＝高齢者比率７％）」となってから、つぎに「高齢社会（＝同比率14％）」になるまでの「倍化年数」で示されます。例えば、日本が「高齢化社会」となったのは１９７０年で、それが「高齢社会」に移行したのは１９９４年です。そこで、日本の倍加年数は24年でした。

ここで**図4**を見てください。シンガポールは１９９５年に「高齢化社会」となっています。同国が「高齢社会」となるのは２０２１年と予測されます。そこで、その倍加年数は26年です。同様に、タイが17年、ベトナムも17年、ブルネイが12年、マレーシアは24年、ミャンマー24年、カンボジア25年、インドネシアで21年などとなっています。

したがって、例外であるフィリピンなどを除き、アジアの多くの国で高齢化のスピードは日本の経験と同程度、あるいは、それを上回る速度で進行していくと予測されているのです。

実は、この倍化年数は、経済発展をあとから開始した国ほど、短縮される傾向を持ちます。その理由は、新興国には医療や衛生環境の面での新しい技術が先進国からどんどん移転されるからといわれます。

ちなみに、フランスの倍加年数は１１５年でした。同じくイギリスは47年、ドイツは40年でした。こうしてみると、日本の倍加年数がこれら西ヨーロッパの国々と比べて随分と短縮されていたことが分かります。この年限の短さのゆえに、これまで日本は高齢化の進行が世界で最も早いとされてきました。

ところが上述のように、アジアの国々、中でも、これから経済成長の入り口に立つような新興国で、日本の経験を上回る速度で高齢化が進むのです。本格的な福祉制度の整備が行われる前に、社会が高齢化していくことは、大きな心配を抱かせるものです。これまでの経験からは予測がつかない事態の到来をも考えていかなければなりません。

アジアの「人口ボーナス」と「人口オーナス」

つぎの議論に進む前に、人口問題を考える際に大切な「人口ボーナス」と「人口オーナス」について説明したいと思います。ちなみに、オーナスとは負担を意味する単語です。

まず、ここに人口が150人の小さな国があるとイメージしてください。この150人のうち働く人は100人、子どもが20人、高齢者が30人としましょう。この国では子どもと高齢者は働いていません。

すると100人の働いている人たちが、50人（20人の子ども＋30人の高齢者）の暮らしを支えていることになります。そこで100人の労働者が50人の働いていない人々の暮らしを経済的に負担しているので、その負担率を50％と考えるのです。

負担率が50％ということは2人の働く人が1人の子ども（ないしは高齢者）を支えているということです。この負担率を「従属人口指数」と呼びます。そして、上記の働き手を15歳から64歳の人口（＝生産年齢人口）とすれば、その数式は以下のようになります。

（年少人口　＋　老年人口）÷　生産年齢人口　＝　従属人口指数

さらに、式の中で「年少人口」の「生産年齢人口」に対する率を「年少従属人口指数」と呼びま

図５　人口ボーナスと人口オーナス

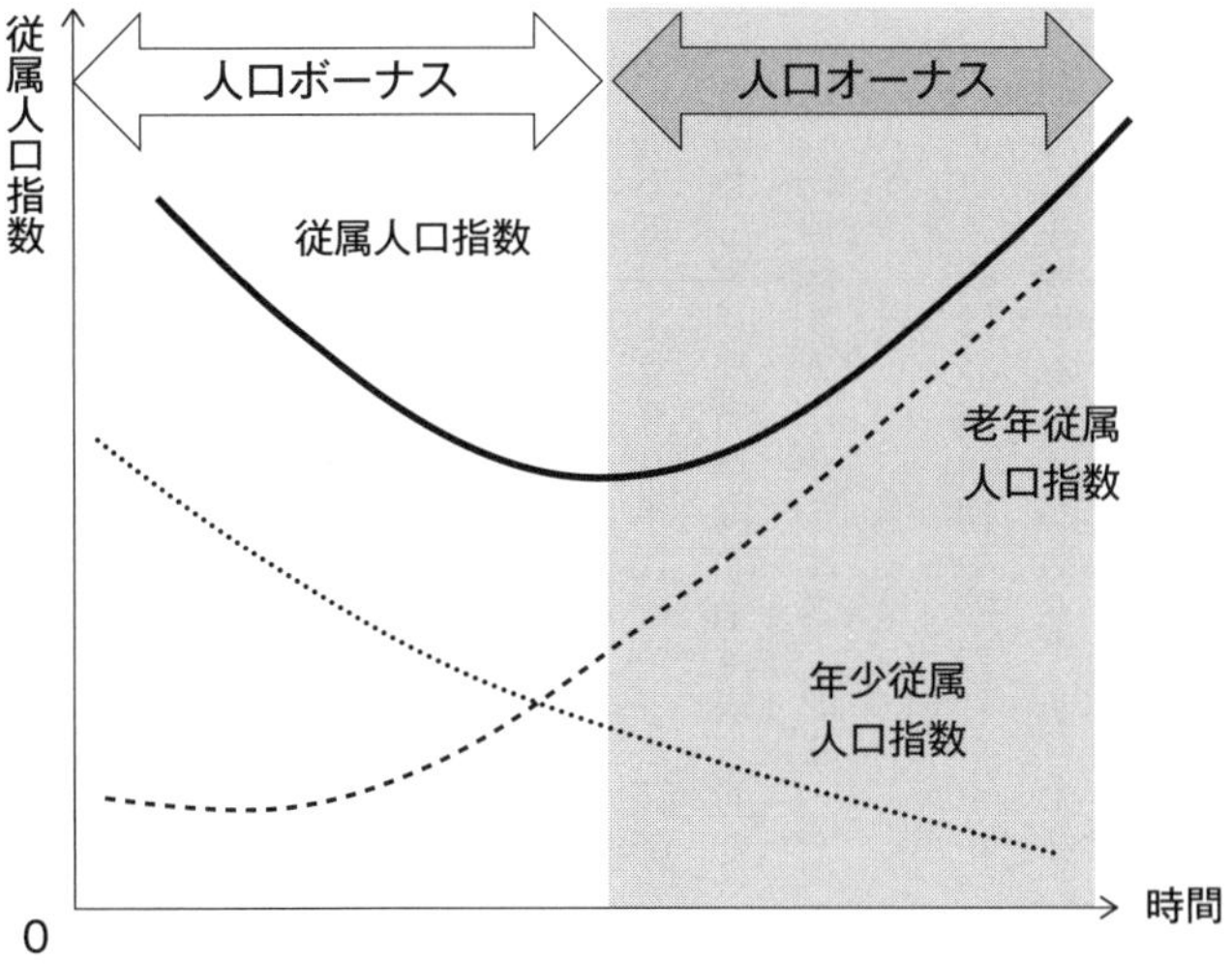

出所：小峰隆夫（2010）『人口負荷社会』日本経済新聞社より作成

す。同様に「老年人口」の「生産年齢人口」に対する率は「老年従属人口指数」と呼びます。上述した人口150人の国の例を用いると、この国では「年少従属人口指数」が20％（20人の子ども÷100人の働き手）です。同じように「老年従属人口指数」は30％となります。

上記のうち、老年従属人口指数の30％が意味するのは、この小国ではおおよそ3・3人の働き手が1人の高齢者の暮らしを支えているということです。したがって、分母にあたる生産年齢人口が増えれば、高齢者に関わる社会的な負担は小さくなります。もし分母が減るようであれば、逆に高齢者のために必要とされる費用の社会的負担が大きいといえます。(4)

ここで**図５**を見てみましょう。縦軸は「従属人口指数」の大きさを、横軸は時間の経過を示しています。

図表の左半分（＝時間軸の前半部分）が「人口ボーナス」と呼ばれる期間です。つまり、「従属人口指数」が小さくなっていく期間を意味しています。よく見ると、「年少従属人口指数」が下がり続けています。と同時に「老年従属人口指数」は大きな変化を見せないので、全体として「従属人口指数」が降下しているのです。

他方、図表の右半分を占める「人口オーナス」は従属人口指数が増大していく期間を表わしています。時間の経過とともに、子どもの数が減り「年少従属人口指数」が下落していますが、高齢者の増加に伴い「老年従属人口指数」がより大きく上昇しています。結果として両者の和である「従属人口指数」が上昇するのです。

とくに日本では１９９０年代のバブル経済崩壊以降、何度も大型の経済対策が実施されました。それにも関わらず、経済浮揚効果は限定的で、長い間、国内経済がデフレ基調から脱却できませんでした。この原因を人口オーナスが始まったことに結びつけて考えることは、一定程度の説得力を持つでしょう。

人口ボーナス期は経済活動が拡大しやすく、逆に、人口オーナス期になると経済が縮小しやすいといった点に注意する必要があります。すなわち、人口ボーナス期は、社会の平均年齢が若く、働く人々のボリュームも膨らむので、旺盛な消費を望む人々の大きなかたまりができあがります。反対に人口オーナス期は、働き手に対して（支えるべき）高齢者の比率が高まっていくので、社会の負担が増加して民間の経済活動が抑制されることとなります。

アジアの人口ボーナスはいつ終わるのか？

ここからは、アジア各国の人口ボーナスと人口オーナスの時期を見てみましょう。**図6**にあるように、日本で人口ボーナスの期間は１９５０年ごろ始まり１９９１年に終了しています。すなわち、その期間は戦後の約40年間でした。いまになって戦後の日本経済を振り返ってみると、高度経済成長を達成したことや、逆に１９９０年代以降には長期のデフレ傾向に悩まされてきたのも、人口構成の変化（とくに少子化と高齢化）に影響を受けたであろうことが分かります。

アジア各国の人口ボーナスの時期を確かめてみましょう。小峰隆夫教授（法政大学）の計測では香港やシンガポール、タイ、中国、韓国、マレーシアなどが１９６０年代に人口ボーナスの時期に入っており、その長さは45～55年間程度とされています。同じようにベトナムやインドネシアでも１９７０年代には人口ボーナスの時期に入っており、その継続期間は50～65年間ほどと考えられています。フィリピンも１９６０年代に人口ボーナスを迎えています。その継続期間は75年間と他国に比べて長いものです。

人口ボーナス期を迎えていることが、アジア各国の経済成長を支える一つの要因であることは間違いないでしょう。人口ボーナス期で働く人たちが増えるので、各国とも経済活動の拡大を続けることが比較的容易です。この人口構成の観点から今世紀前半はアジア地域で経済拡大期に入る国々が勃興し、そのことが地域経済をさらに牽引することにつながるでしょう。

図6　アジア各国の「人口ボーナス」の期間

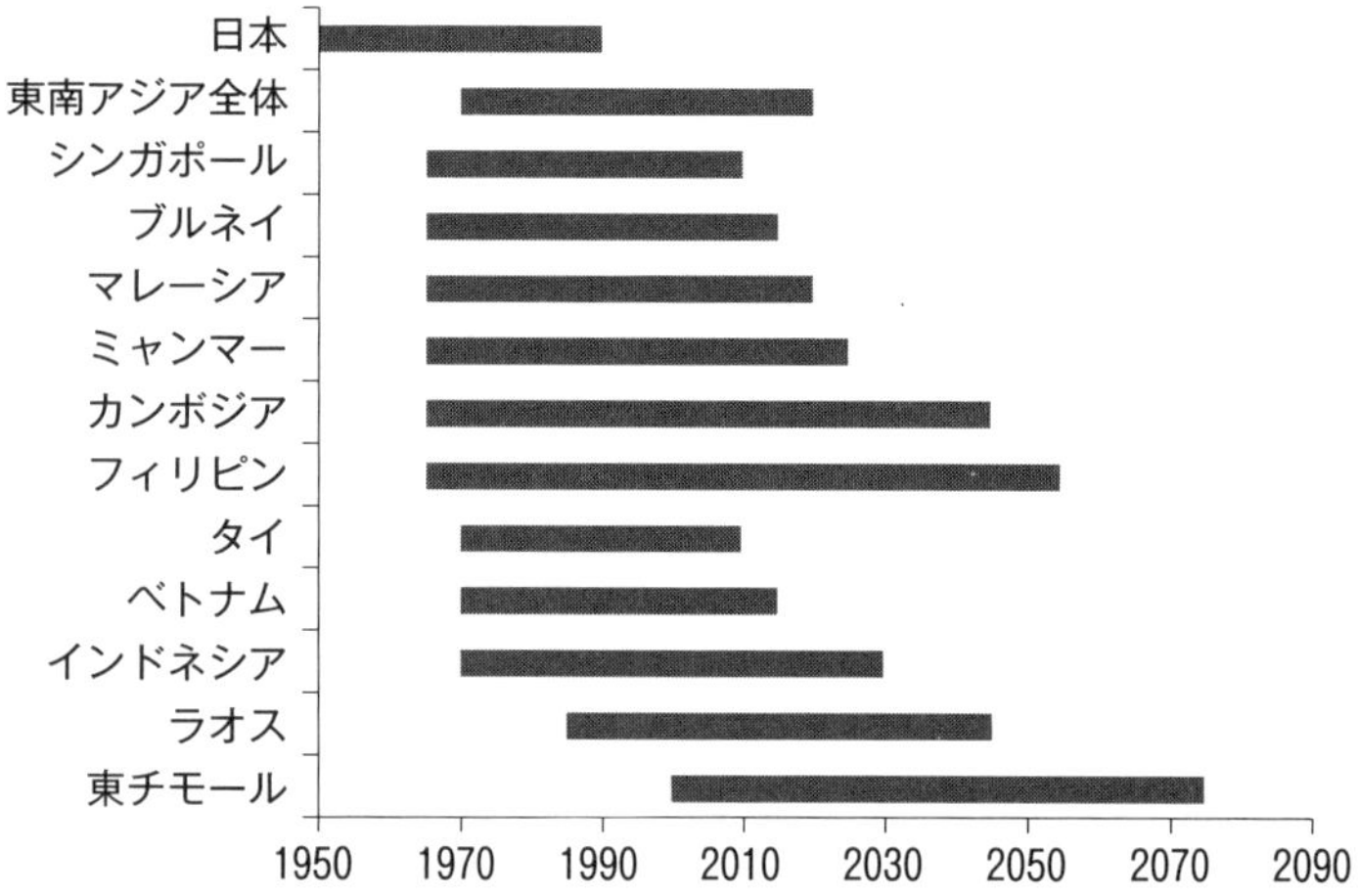

出所：小峰隆夫（2010）『人口負荷社会』日本経済新聞社および、United Nations, Population Division, World Population Prospects: The 2015 Revision より作成
注1：人口ボーナス期は従属人口指数が低下を続ける期間。5年ごとの数字で計測
注2：2015年以降のデータは国連人口局の中位推計を利用

ただし、各国の人口ボーナスの終焉はそう遠くない将来やって来ます。図6の横棒グラフの右端が人口ボーナスの終了する時期を示しています。その時期を確認すると、シンガポールやタイは早くも2015年に人口ボーナスから人口オーナスへの切り替え時期を迎えそうです。

また、ベトナムやマレーシアなどは2020年代前半に、インドネシアやラオス、カンボジアなどでも2030年代から2040年代前半には人口ボーナス期が終わりそうです。日本のような長期デフレがそのまま各国で再現されるとは断言できませんが、人口ボーナスの終了にあわせるように、各国が経済成長を鈍化させる可能性は否定できません。

高齢化社会に備える必要

　ここまで本章の前半では、経済成長のゆえに寿命が延び、一方で出生率が下がると説明してきました。少子高齢化が進む途中経過としての人口構成の変化が、こんどは経済成長の伸び縮みに影響を与えていくことも指摘しました。

　つまり、人口動態は、各国の国内経済に長期的かつ浸透度の高い影響をもたらすといえます。繰り返しますが、少子高齢化は、ある段階では経済成長のためにプラスの効果をもたらすのです。そして、そのプラス効果が終了するより以前に、経済を押し上げてきた人口要因が消えることを正しく認識して、将来の高齢化に備えなければならないのです。

　少なくとも人口ボーナスが終了する数十年先を見据えて政策論議を行い、社会制度の整備、様々な組織づくりをしていく必要があります。もちろん、直接的な少子高齢化対策だけではなく、例えば、年金制度、国民皆保険、健康保険制度といったすべての国民が恩恵を受けるような仕組みを整えなくてはいけません。

　これから高齢化社会となるアジア各国では、今後の仕組みや制度をどのようにすべきかの議論は盛り上がっていくと思います。ここで注視すべきは、アジア各国は、日本の経験を観察してから、自らの社会制度の設計に活用できるということです。

日本の経験を伝える

実は、最近、アジアの労働経済学や人的資源論を専門とする研究者の中から日本の経験を学ぼうとする動きが見られます。例えば、マレーシアからは若手研究者らが来日し、高年齢者雇用の現場を視察しています。彼らは受け入れ先の和光大学の案内で、高年齢者雇用を促進する民間企業や高齢者向け福祉施設などを訪問しています(5)。

とくに高齢者向けに仕事の斡旋業務を行う「シルバー人材センター」への関心が高いです。「シルバー人材センター」設立の経緯、斡旋業務の仕組み、高齢者が担う仕事の種類、支払われる対価の仕組み(6)などを詳細に聞き取り調査しています。

訪問した企業の取組みでは「積水化学工業株式会社」が社員全員を対象とした定年後の再雇用を積極的に推し進めている様子に感銘を受けていました。同社が60歳の定年を迎えた人材を65歳まで再雇用する際に設定している、細かな仕組み作りはマレーシアの企業や官公庁でも人事制度に取り込むことが可能かも知れません。

また、専門技術を持つ高齢者の再雇用を促す「株式会社マイスター60」での聞き取り調査から刺激を受けていました。とくに同社は経営陣もすでに他社を定年退職した方々が務めている点でも注目をしました（**写真2**）。

さらに、岐阜県にある高年齢者雇用のパイオニア企業と目される「株式会社加藤製作所」が行った、週末の工場を60歳以上の人たちだけで稼働してもらう取り組みにも高い関心を寄せています。これまでは週末に休止していた工場を、高年齢労働者だけで稼働させ始め、売り上げを約3割も増加させたことは、高年齢者の生産性が若い人たちにも劣らないことを証明したとして注目しています。

写真1　シルバー人材センターで高齢者向けPC教室を見学

著者撮影

写真2　マレーシア人研究者が日本企業を訪問、（技術系）高齢者向けの就職斡旋についてインタビュー

著者撮影

新しい国際貢献のかたち

ここまで見てきたように、私たちはアジア諸国の少子高齢化に対して危機感を持っています。その対処には工夫が必要です。そこで１つ提案をしておきたいと思います。それは、社会の人的資源をフル活用するということです。すなわち、現在十分には活用されていない、国内の高齢者、女性、障害者らを含む人的資源をバランス良く活用するような社会的枠組みをこれから作り上げることが大切です。多くの場合に日本の経験を応用できるでしょう。

そして、日本をはじめ先進各国は、自らの経験を分析し、これから高齢社会を迎える国々へ適応可能となるように伝えていくことが求められています。大きな視点で考えると、こうしたことは、日本発の新しい国際貢献のかたちになる可能性を秘めています。この意味でも始まったばかりの日本の高齢化現象に関する国際共同調査が、今後ますます盛んになることが望まれます。

最後に、本章をお読みいただいた皆さんが、アジアの人口問題を学ぶことを通じて労働経済学や人口経済学、アジア経済の分野に興味を持ってくれるように心から願っています。

【注】

（１）発展途上国の実情を鑑みると60歳以上を高齢者として考えた方が適当な場合も多いようです。適宜、60歳以上の定義を使うことも考慮すべきでしょう。

（2）ＧＤＰの総額は生産と所得と分配の側面から見ています。同じものを三面から見ているので，その金額は同じということになります。なお，ここでは1人あたりＧＤＰは各国の物価水準で割り引いたものとなっています。
（3）厚生労働省の「人口動態統計」によると，２００６年以降，日本では年間出生数が年間死亡数を下回る状態であり，人口の自然減が続いています。
（4）現状の日本では約２・６人の生産年齢人口で1人の高齢者を支えています。分母にあたる生産年齢人口は減少を続けており，２０５０年には1・３人の労働者が1人の高齢者を支えるようになると予測されています。
（5）２０１０年以降も調査は行われています。
（6）シルバー人材センターを通じての就業は労働法上の労働ではないので，働いたことに対する賃金は給与という名称ではなく，配分金（あるいは，支払われる対価）と呼ばれます。

【参考文献】


大泉啓一郎（２００７）『老いてゆくアジア』中央公論新社。

鬼頭宏（２０１１）『２１００年，人口3分の1の日本』メディアファクトリー。

小峰隆夫（２０１０）『人口負荷社会』日本経済新聞出版社。

清家篤・山田篤裕（２００４）『高齢者就業の経済学』日本経済新聞社。

吉田寿三郎（１９８１）『高齢化社会』講談社。

若林敬子（２００６）「近年にみる東アジアの少子高齢化」『アジア研究』Vol.52, No.2.

Kato Iwao & Lim Beatrice,（2011）, *Consideration on transfer of Japan's aging experience to South East Asia,* 『地球環境時代の経済と経営』白桃書房。
United Nations, Population Division,（2015）*World Population Prospects: The 2015 Revision.*

コラム

ジャングルにある障害者施設で見た“新しい”高齢者の生き方

バンバン・ルディアント／加藤　巌

日本人のNさん夫妻は東南アジアの福祉関係者の間では有名だ。厚生労働省を退職後、お二人は障害児支援の国際的なNPOを運営している。

ご夫妻が活動するのは、熱帯雨林に覆われた南国の島だ。この島の森には様々な先住民族も暮らしている。その一つ、かつて「首狩り族」として勇名をはせた先住民の村に、Nさん夫妻の施設はある。

Nさんの報告によると、これまでジャングルの村々には医療機関などはなく、障害を持った子供たちへ適切なケアはされていなかったそうだ。ご夫妻は障害児たちの境遇を見て心を痛めたという。

いま、Nさんの施設には、毎朝、障害児たちが通ってくる。子供たちは朝食を食べ、ミーティングを行い、国旗の掲揚と国歌斉唱を行う。その後、昼食をはさんで、生活訓練、一般教育、職業訓練などを受ける。夕方にはそれぞれの村に帰っていく。

実は、施設はいまも進化を続けている。そこにはNさん夫妻の人脈が生かされている。まず、福祉関係者らが協力している。資金援助はいうに及ばず、時には現地での建設作業にも参加している。熱帯のギラギラした太陽の下、日本からやって来る高齢者を含むボランティアと現地スタッフ、そして障害児たちは施設の充実のため、役割分担しながら働いている。

最近は、魚の養殖池を完成させた。菜園やフルーツ畑も広げている。また、鶏を飼い、卵も得ている。職業訓練の一環として手提げ袋やマフラーなどを機織り機で作り始めた。このため染色や裁縫の技術も学んでいる。これら全てに多くの日本人が貢献している。地元の新聞にも日本の高齢者が仲間と一緒に福祉施設を建設していることは大きく取り上げられた。記事のおかげで、地元建設会社から多くの資材の提供を受けることもできた。

日本には、Nさん夫妻のような豊かな経験と人的ネットワークを築き、かつ、旺盛なバイタリティを持つ高齢者も多い。一方、福祉に限らず、医学や法律、経営、工学、スポーツなどあらゆる分野で日本人高齢者の経験と知恵は途上国にとって貴重だ。そこで、やる気のある高齢者が海外援助の場で活躍できれば望ましい。日本から来た高齢者がいきいきと働くのは、現地の人にとっても刺激的である。今日もジャングルの村で、Nさん夫妻は新しい高齢者の生き方を示し続けている。

Part 3

会社・社会のはなし

第9章

日本中小企業のアジア展開
——1990年代以降の岐阜アパレル・縫製業を中心に

鈴木岩行

はじめに

近年日本企業の海外進出はますます増加しています。今や海外進出しているのは、大企業だけでなく、海外拠点をもつ中小企業は6000社に上ります。[1] 国内経済が縮小傾向のこともあり、中小企業の海外進出意欲は強いものがあります。[2] 日本企業の海外進出の歴史を振り返ると、1985年のプラザ合意以降激増し、1980年代はアジアNIEs（韓国、台湾、香港、シンガポール）へ、1980年代後半～90年代前半はASEAN4（タイ、マレーシア、インドネシア、フィリピン）へが中心でした。1992年の鄧小平の南巡講話以後、中国への進出が激増し2000年代後半まで続きました。しかし、2000年代半ばから中国でサーズ騒動、反日デモ、加えて人民元高、ストライキの頻発、中国人従業員の賃金高騰、人手不足現象など中国進出企業の経営に大きな影響を与える問題が続出しました。そこで、中国以外の国に別の拠点を設けるべきだというチャイナ・

プラスワンの議論が日本で巻き起こりました。特に２０１２年の大規模な反日デモ以後は製造業を中心に中国以外の新興国・発展途上国への進出が真剣に模索されています。

中小企業はかつてのような大企業に従って下請けとしての海外進出から、現在は自らの判断で進出する企業が増えているといわれます。海外進出には国内にはない困難があり、大企業でも成功するとは限らず、まして経営資源の乏しい中小企業にとってはハードルが高いのです。日本で中小企業は企業数では99％、従業員数で70％を占めていますが、１社当たりの売上高は大企業の１００分の1です。海外進出に失敗すると多くの中小企業はその存続にもかかわってきます。しかし、海外進出に生き残りを賭けている中小企業も多くあります。したがって、中小企業にとって海外進出に失敗は許されません。中小企業が海外進出して成功するには何が必要なのか、海外進出をして成功を収めている中小企業を例に考察をします。

アジア進出成功のモデル企業

縫製業は典型的な労働集約産業ということもあり、早くから人手不足と賃金高騰に悩まされ、そのため日本の産業の中で最も早期に海外進出した産業です。縫製業で海外進出に成功している中小企業がアジア進出のモデル企業として相応しいと考えます(3)。

岐阜県に本社をおく縫製メーカー小島衣料は１９８０年代後半から海外進出を始め、１９９０年に中国で操業を開始しました。それ以来20年以上にわたり中国で操業を続け、従業員が数万人規模

地図　小島衣料の展開

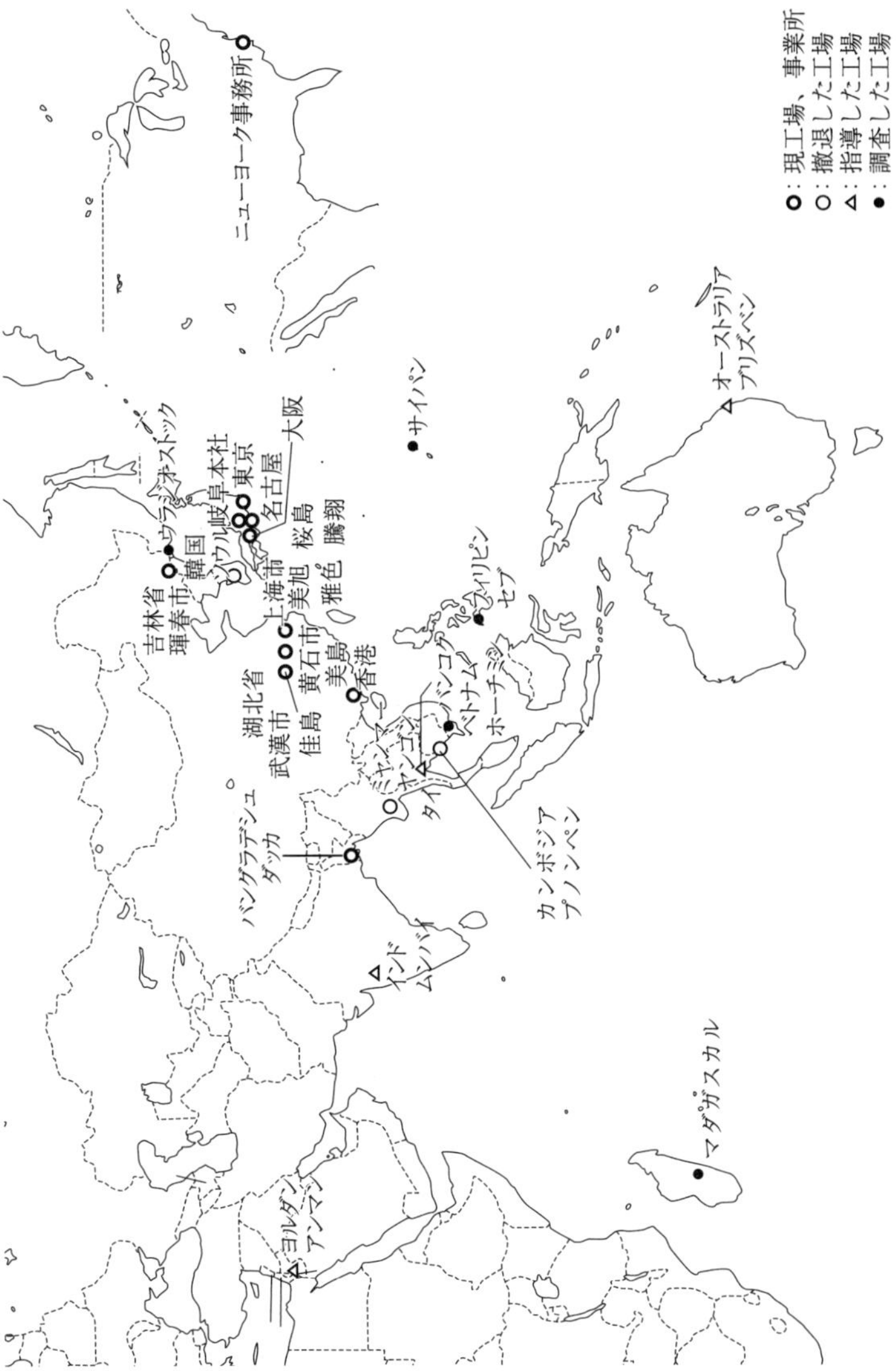

○：現工場、事業所
○：撤退した工場
△：指導した工場
●：調査した工場
ニューヨーク事務所
オーストラリア ブリズベン
サイパン
大阪
東京
岐阜本社
名古屋
桜島
騰翔
ウラジオストック
ソウル
韓国
吉林省 琿春市
上海市
美旭
雅色
黄石市
美島
湖北省 武漢市
佳島
香港
フィリピン セブ
バンコク
ベトナム ホーチミン
ヤンゴン
ミャンマー
タイ
カンボジア プノンペン
バングラデシュ ダッカ
インド ムンバイ
マダガスカル
ヨルダン アンマン

に拡大するとともに、バングラデシュ、香港、ニューヨーク等に工場や事務所を有しています。海外進出する前は日本本社の従業員が１００人規模の中小企業であったので、海外進出して成功を収めた中小企業の典型と思われます。最初の海外進出以来20年以上にわたる、この小島衣料と経営者である小島正憲オーナーの足跡を辿ることで、中小企業が海外進出し経営に成功するうえで必要とされるものを明らかにできるのではないかと考えます。近年歴史的事実を明らかにする手法としてオーラルヒストリーが注目を集めています。小島正憲氏は本社で勤務しているときはもちろん、海外に駐在しているときも同社の経営情報を発信し続け、それをもとにすでに4冊の著書を出版しています。小島氏は企業経営者として多忙であり、月の半分は海外を飛び回っています。そこで何回ものインタビューは困難なため同氏の著書を中心にして、それをインタビューで補うことでオーラルヒストリーに近い手法で本稿で明らかにしたいと考えます(4)。

中国進出とその成功

小島正憲氏は岐阜県出身で、１９４７年（昭和22年）生まれのいわゆる団塊の世代です。１９６９年に同志社大学を卒業し家業の縫製業、小島衣料に就職後、夜間に簿記学校だけでなく洋裁学校にも通いました。当時中卒または高卒で縫製工となる女性が多かった中で、小島氏は大卒の男性で異例の存在であったと思われます。小島氏は洋裁学校に学んだため裁断にかけては屈指の腕をもっています。小島衣料は働きながら洋裁を学べるよう、自社に洋裁学校を併設するなどの努力で若年者の求人に成功し、小島氏の就職以来10年ほど安定経営を続けていました。

しかし、１９８０年代後半になると、求人難により同社の経営状況は悪化し、人手を求めて日本各地を奔走しました。人手不足解消のため、オーストラリアとタイで生産を試行したがうまくいきませんでした。１９８９年韓国ソウルで工場経営を始めましたが、ノ・テウ大統領（当時）の民主化宣言以後ですでに韓国でも労働力不足になっており、操業開始後1年半で撤退することとなりました。当時の小島衣料は2期連続赤字で倒産寸前となっていました。

１９９０年7月20日、小島衣料は中国湖北省黄石市にあるメリヤ（美爾雅）公司の5階の１フロアを借りて25人の中国人従業員とともに、中国での生産を開始しました。翌年、小島衣料はメリヤ公司と合弁で美島公司を設立し、操業開始1年目から利益を計上しました。１９９６年までの6年間で従業員は１００倍の２５００人となり、１９９６年段階で５５００社以上ある湖北省の外資系企業中第1位の利益を上げるまでになりました。日本の小島衣料も創業以来の利益を上げました。日本では20年間営々と努力を続けたが、最終的に従業員は１７０人規模にしか拡大せず、借金も増えるばかりであったにもかかわらず、中国ではなぜこんな短期間に成功を収めることができたのでしょうか。

小島氏は「労働集約型産業の典型である縫製加工業を労働力不足の日本で存続させようとすること自体が、戦略的に誤り」であり、「中国での経営が戦略的に正しかったということである」と述べています。そして、中国での戦略的優位性を、第一は安い人件費の労働力が無尽蔵にあったこと、第二は中国共産党の改革開放政策が、外資系企業にきわめて有利であり、税金の免除をはじめとしていろいろな特典が用意されていたこと、第三はインフラ整備が予想以上に急ピッチで進んだこと、第四は中国の特殊な金融事情がきわめて有利に働いたこと、第五は受注がきわめて多かったこと、第六は湖北省黄石市という内陸部で始めたことの6点をあげています。さらに、「これらの六つの要因が、タイミングよくすべて同時に起きたため、奇跡とも思われる短期間での発展が可能であったのである。よくいわれるヒト・モノ・カネのすべての面でフォローの強力な風がふいていたわけで、この風に乗れば、だれでも大成功できたのである。ここでは経営者の戦略的な能力は、あまり問題ではなかった(5)」と述べています。

しかし、中国での経営が無論順調であったわけではなく、勤労意欲の低い国営企業出身労働者のモチベーションを上げるために競争させるなど小島氏は独自の工夫をしています。また、手塩にかけて育てた中国人社員の裏切りにあったり、黄石市に後から作った合弁会社2社は経営が軌道に乗らず、株式を売却せざるをえないということもありました。さらに、1993年に日本への輸送が便利で、情報収集のためにもなるため上海に工場を作りましたが、人手が集まらず、ストライキも起こるなど苦闘続きでした。これらの中国での企業経営の経験から、小島氏は次のように書いています(6)。

中国ではストライキだけでなく、想像もつかないような問題が一夜にして起きてくる。企業を捨てなければならないようなこともしばしばである。したがって、中国国内に実力の同等な工場を最低3カ所以上完成させておき、なにか問題があれば、その工場を容赦なく切りすてられる態勢をつくっておくことが絶対に必要である。１工場だけだと、どうしても決断力が鈍り、結局はあなどられる結果となる。

（当時小島氏は、直系3工場、傍系2工場を持っていました。）

そこで、いざとなればその日のうちに問題の工場から撤収し、他工場で操業することができる。これは絶対の切り札である。今はこの考えを国際的に展開すべきときで、中国がだめならここがあるさという新たな切り札を作らなければならない時期にきている。

と記し、中国での経営が順調でもいざというときのために、中国で経営できなくなったときのことを考え、中小企業であっても常に別の国で経営できるよう準備をしなければならないと考えていました。

リスク対応

外国で企業経営すると日本では考えられないようなリスクに直面することになります。リスクを克服できなければ、企業はその国で経営することが不可能です。中国での企業経営が順調に推移していた１９９０年代半ばから２０１０年までの約15年間に、小島衣料はどのようなリスクに直面し、それにいかに対応したかを見ていきます。

●香港返還への備えのためのミャンマー進出

小島氏は１９９７年７月の香港返還時に中国での激震が予想されることに対して、リスク分散のため１９９６年にミャンマーへ進出しました。しかし、ミャンマーでは満足できる工場を探すことができず、政府による外資優遇策もなく、パートナーにも恵まれませんでした。１９９７年のアジア通貨・金融危機にも遭遇したため、工場を売却して３年でミャンマーから撤退し、中国での経営に専念することにしました⑦。

中国では２００３年にサーズ騒動、２００５年には反日暴動がありましたが、中小企業にとって、リスク分散のためだけに中国以外の国に出るのはコストが大きすぎると、２００５年時点では小島氏は考えていました。

●中国琿春《フンチュン》工場建設

しかし、華中・華南の地域では人手不足により、労働集約型である同社の工場の存続はやがて不可能になる可能性があります。中国国内で移転しなければなりませんが、奥地では物流コストが高くなり、輸送日数もかかります。中国沿岸部で人手が潤沢な未開発地域が望ましいのです。吉林省琿春市は日本海を挟んで、日本にいちばん近い沿岸部です。またこの地域には現在のところ航路がないため未開発で、日系などの大型工場が進出していないため人手の確保が可能です。琿春開発区には、西部大開発・少数民族・対露貿易などの優遇政策が重なって適用されており、外資の進出先としてはきわめて有利です。さらに朝鮮族の日本語を話せる人材が多く、反日の雰囲気が少なく、電力・水道・蒸気なども安く便利です。懸案事項は日本海横断航路が開かれていないことですが、同社は２００５年進出しました(8)。同社は定期航路実現のため、日本企業の誘致にも協力しています(9)。

●バングラデシュ進出

２００３年から本格化した中国の人手不足と賃金高騰は、２００９年には同社の経営に抜本的な方向転換を迫る水準に達しました(10)。２０１０年、小島氏はミャンマー、タイ、バングラデシュ、スリランカを視察しました。小島氏は、１９９２年に次男を16歳でバングラデシュに留学させていましたが、その人脈のあったバングラデシュは縫製王国になっており、２０１０年進出することを決定しました。バングラデシュでは、中国からあふれた縫製の仕事が殺到していました。インフラは未整備ですが、以前のミャンマーより状態は良いと判断し、ポスト中国の一番手になると考えました。現在では１５００人を擁する規模に拡大し、２０１３年には現地の業界団体から「外資最優秀工場」として表彰されるほどになりました。２０１４年にはカンボジアに工場を設立し３００人規模となっています(11)。

海外で成功する要因

小島衣料の海外事業の動向を見てきましたが、本章では小島氏が海外で成功した要因を考えてみたいと思います。

私はここで海外で成功するために大事なふたつのことを、ぜひ強調しておきたいと思う。第一は行動することである。成功するかしないかは、やってみたうえでのことである。……行動すれば、机上の計算では思いもよらなかった条件や環境、いやそれどころか人材までが湧き出てきて、行動を助け、有利にしてくれることがある。決断する勇気と果敢な行動力。これこそが海外に通用する強い経営をつくりだす第一歩である。

第二は、リスクとむかいあい、リスクから逃げないことである。行動には、リスクがかならずともなう。海外進出の際は、万全のリスクヘッジ、つまり危機管理をほどこしておかなければならない。考えうるかぎりの危機管理策を十分に打っておくことが、リスクに立ちむかうための前提条件である。(12)

と小島氏は記しています。海外で成功するために大事なふたつのことのうち第一の行動することを、小島氏は実践します。工場の建設・運営は韓国・中国・ミャンマー・バングラデシュ・カンボジアに及び、指導した工場はオーストラリア・インド・ヨルダン、調査した工場となると東南アジア数カ国はもとより南太平洋のサイパンからアフリカのマダガスカルにまで渡ります。その行動力たるや大変なものです。第二のリスクとむかいあい、リスクから逃げないこと、そのためには万全のリスクヘッジをほどこしておくことも実践しています。事業が順調なときには安心して守りに入ってしまいがちですが、小島氏は前述のように、「中国での経営が順調でもいざというときのために……別の国で経営できる準備をしなければならない」と考え、ミャンマーで工場を建設・運営しました。近年もバングラデシュでの工場運営が順調でも、海外視察を欠かさず２０１４年にはカンボジアで工場を開設しています。中小企業にとって考え得る限りのリスクヘッジを実施していると言えましょう。

海外での具体的な会社経営の成功要因について、インタビューによれば、「ビジネスモデルについて、まず、縫製業の経営者として経営と縫製技術の両方できる必要があります。自ら工場で育てた従業員に現地の社長を任せます。彼（彼女）は自分の教え子であるので、尊敬してくれますし、裏切ることもありません。次に、自分が儲ける以上に相手に儲けさせることです。そうすれば不正な経理をされることはありません。次に、準備を怠らないことです。進出すると同時に撤退の準備をしておきます。だめだと思ったら、すぐに売却して撤退することが重要です。」小島氏は世界で20以上工場を建設・運営しましたが、潰したことは１つもなく、手放したものはすべて売却したとのことです。自ら資金を投じて立ちあげた工場や会社は経営不振でも処分することは躊躇すると思われますが、韓国やミャンマーの工場も果断に決断して売却しています。

このような行動力や決断力はどのようにして培われたのでしょうか。小島氏の出身地岐阜県織田町は文字どおり織田信長の出身地で、小島氏は「織田信長の行き方に非常に興味をもっていました(13)。また、郷里の人々は織田信長に見るように進取の精神に富んでおり、自分の両親も新らし物好きであった」と、小島氏は出身地の環境を上げています。

おわりに—和（倭）僑の勧め

以上のように、海外に進出して成功した中小企業のモデルとして小島衣料の活動と経営者である小島正憲氏の成功要因を見てきました。小島氏は自らの経験から海外に進出している（中小）企業家はどのような心構えをもつべきだと考えているのでしょうか。

海外で自由意志で働く……日本人も華僑を真似て、国家をあてにせず、倭僑として生き抜くことに徹すれば、華僑に負けない業績をあげることができるのではないだろうか。（国家財政が破綻状態にある）日本経済の窮状を前にして、我々日本人企業家は、日本国家と心中するのではなく、倭僑となって海外へ雄飛すべきなのではないか。……属する国もなく、頼る軍隊もな……い日本人企業家が、それでもたくましく雑草のように自力で生き、世界で儲け抜いていく、これこそが21世紀の真の日本人企業家の姿ではないだろうか(14)。

と記しています。

国内の閉塞状況もあり、海外在住者が過去5年間で13万人も増加しています。海外で起業したり、自ら現地駐在を希望して海外に住む日本人を一般に和僑と呼び、今このような和僑的生き方が注目を集めています(15)。小島氏が言うとおり、海外で生き抜こうとする日本人（中小企業家に限らず）は華僑のように国家に頼らない、真の和（倭）僑となる覚悟が必要でしょう。

【注】

（１）日本政策金融公庫総合研究所編（２０１３）16ページ。
（２）「潮目が変化！　ジェトロ・アンケートに見る日本企業の海外事業展開」『ジェトロセンサー』２０１４年４月号。
（３）縫製業の海外展開については、根岸秀行の（１９９５）を初めとする一連の著作および佐々木純一郎（２０１２）等を参考にしました。
（４）小島正憲氏には（１９９７）、（２０００）、（２００２）、（２００７）の４冊の著書があります。筆者は２０１０年10月、小島氏にインタビューを行いました。中小企業家の海外進出を題材としたものとしては、サンテイ社長常川公男氏を取り上げた正木義也（１９９５）やテクノセンター創設者の石井次郎氏を取り上げた佐藤正明（２００３）などがあります。筆者は１９９３年に常川公男氏に、１９９７年に石井次郎氏にインタビューしています。
（５）小島正憲（１９９７）50～61ページ。メリヤ公司は岐阜県関市のサンテイ社を経営する常川氏が関市の縫製会社として初めて中国企業と合弁経営を行った相手側の企業です。
（６）小島正憲（１９９７）１６２～１６３ページ。
（７）ミャンマーでの工場経営の実態については、小島正憲（２０００）と同（２００２）に詳しいです。
（８）小島正憲（２００７）１４６～１５０ページ。小島氏は「日本人が日本海横断航路を開設」すれば「張鼓峰事件の汚点をそそぐことになり、その歴史的責任を」果たすことにもなると考えています。

(9)『ジェトロセンサー』2008年8月号、19ページ。2008年当時、小島衣料のほか、日本企業10社が進出していました(『JCエコノミックジャーナル』2008年8月号、34ページ)。また、新潟県・市は2011年、吉林省との合意に基づき、「新潟－ザルビノ－琿春航路」を開設しました(『朝日新聞』2012年4月3日朝刊)

(10)「シニアは海外雄飛せよ　アジア『冒険商人』の檄」『週刊東洋経済』2014年2月15日。

(11)小島正憲「東アジア 駆け足レポート《沸き立つ東アジア》ヤンゴン・バンコク・ダッカ・ジャカルタ・コロンボ」2010年10月13日。

(12)小島正憲(2007)188～189ページ。同(1997)229～230ページにもほぼ同様の記述があります。

(13)小島正憲(1997)242ページ。

(14)小島正憲(2007)213～215ページ。小島氏は「わきょう」を「倭僑」と記しています。

(15)「アジアで存在感を増す〝和僑〟ネットワーク」『FINANCIAL FORUM 2014 SPRING No.104』

【参考文献】


小島正憲(1997)『アジアで勝つ』伯楽舎。

小島正憲(2000)『多国籍中小企業奮戦記』伯楽舎。

小島正憲(2002)『10年中国に挑む　長征とビジネス』ぱる出版。

小島正憲(2007)『中国ありのまま仕事事情』中経出版。

佐々木純一郎(2012)「日系縫製産業の東アジア生産ネットワーク」山崎勇次編著『世界経済危機に

おける日系企業』ミネルヴァ書房。

佐藤正明（1997）『望郷と訣別を　中国で成功した男の物語』文藝春秋。

日本政策金融公庫総合研究所編（2013）『中小企業を変える海外展開』同友館。

根岸秀行（1995）「アパレル産業における海外展開と構造変動―岐阜アパレル産業の場合―」『グローバル化時代の地場産業と企業経営』成文堂。

正木義也（1995）『中国への挑戦―日中合弁成功ドキュメント』総合法令出版。


本稿は科学研究費助成事業（研究課題名：戦後アパレル産業の自立と産地形成に関する動態分析代表者根岸秀行）の成果の一部です。

コラム

布が描く世界地図

竹田 泉

布は私たちの生活に欠かせないものである。

人間はまず、厳しい自然環境から身体を守るために布をまとった。文明の発達とともに、布は社会のなかで「語る」ものへと進化する。身分の違いにより使い分けられる色、男女の間で気持ちを伝え合うために用いられる文様……。そのなかで染織や刺繍の技術が蓄積されていく。

こうした布は、それをうみだす技術とともに、シルクロードを通じ、また次々と「発見」される海のルートを通じて、他の地域へと伝播した。こうして異国からもたらされた布は、元の社会で担っていた役割をはぎとられ、新しい目的のために用いられるようになる。それらはまず「エキゾチック」なものとして珍重され、金持ちの収集物となった。

輸入が拡大するにつれ、その消費は下層階級へ徐々に浸透していく。そのなかで、布の色や文様は、新しい社会の人々の趣味と交わりながら定着していった。地の色の変更や模様の修正を通じて、新しい社会に合わせた新たな布が誕生する。

18世紀後半からおこる西洋での急激な工業化は、布の規格化と廉価化をもたらした。そのなかで伝統的な布を生み出す職人の仕事は奪われていった。アジアの織物業が受けた打撃は甚大であった。自然の染料によって色付けされ時間をかけてつくられる手の込んだ刺繍布は、人工的な染料と捺染機械によってあっという間にプリントされる「それらしい」布に取って代わられた。

工業化が私たちの生活を豊かにしたことは確かである。しかし、機械化された布がいくら普及しようとも「本物の」布に皆がいまだに魅了され続けるのは、それが社会を映し出す鏡となっているからではないだろうか。

「マップ」が昔、布を意味する言葉だったことをご存知だろうか。世界各地の伝統の布で描かれた地図は、なんとも魅力的なものとなるはずである。

第10章

企業間比較のための経営分析
――ポイント係数評価法

岩崎　功

はじめに

A社、K社、S社は同業種企業3社である。どの企業が儲かっているのだろうか（「収益性」の高い企業はどの企業）？　いずれの企業が効率よく儲けているのだろうか（「活動性」の高い企業はどの企業）？　いずれの企業の方が支払いまたは返済能力などが高く安全性が高いのだろうか（「安全性」の高い企業はどの企業）？　また、いずれの会社の方が将来性ありこれからも成長するのだろうか（「成長性」が高い企業はどの企業）？　など、企業ごとに順位付けをして、その「差（開き）」がどのくらいあるのかを明らかにしたくはありませんか？

本章では、実際企業3社が公表している「連結貸借対照表」および「連結損益計算書」を中心として、各企業の「収益性」・「活動性」・「安全性」・「成長性」のそれぞれの観点から「順位付け」とその「差（開き）」がどのくらいあるかを観察判断し、結論として企業全体としてはどのような順位づけになり、その「差（開き）」はどのくらいあるか？　を観察判断します。その観察判断方法に、経営分析指標数値を「ポイント係数」に換算し、そのポイント係数の平均値を求めて順位付けを行う「ポイント係数評価法」を提唱しています。

企業間比較分析のための経営分析指標

分析指標の算定は、分析目的（収益性、活動性、安全性及び成長性）別に行います。

●収益性の分析

この分析は、企業の儲かり具合が大きいかどうかを見るものです。これには投入された資本でどれだけの利益を獲得しているのか？　つまり、小さな資本を使用して大きな利益を獲得している企業であるかどうか、をみる「資本利益率」（利益÷資本×１００（％））と、売上高にどれだけの利益（マージン）があるか、つまり最小の費用で最大の利益をあげている企業かどうか、をみる「売上高利益率」（利益÷売上高×１００（％））があります。いずれの利益率も大きいほど収益性が高いと判断します。

●活動性の分析

この分析は、限られた資本や資産を効率よく運用して企業の収益性に貢献しているかどうか？

をみるものです。これには限られた資本が効率よく運用されているか？　つまり、最小の資本を繰り返し使って大きな収益をあげているかどうか、をみる「資本回転率」（売上高÷資本（回））と、限られた資産が効率よく運用されているか？　つまり、最小の資産を繰り返し使って大きな収益をあげているかどうか、をみる「資産回転率」（売上高÷資産（回））があります。いずれの回転率も回数が大きいほど活動性が高く、企業の収益性に貢献していると判断します。

●安全性の分析

この分析は、企業の債務返済・支払能力が十分かどうかの分析です。これには、資本の調達源泉から債務返済・支払能力をみる、つまり返済が必要な他人資本と返済不要の自己資本の関係や他人資本でもその中でも収益性とも関係のある利息の支払いを要する負債である有利子負債が少ないかどうか、自己資本の中でも将来の財務リスクに対応する留保利益である利益剰余金が大きいかどうか、をみる「資本安全率」（各種資本÷総資本×１００（％）など）と資本の調達源泉と運用形態である資産との関係で債務返済・支払能力をみる、つまり、流動負債の支払資金源としての流動資産や当座資産との関係や固定資産投資の安全性などをみる「資産・資本安全率」（資産÷資本×１００（％））があります。いずれの安全率も大きいほど安全性が高いと判断します。

●成長性の分析

この分析は、企業の成長性があるかどうかの分析です。これには、企業の資産や資本などの量的規模である総資本、自己資本、固定資産、従業員などの拡大状況から成長性をみる「資産・資本成長率」（今期規模の大きさ÷前期の規模の大きさ×１００（％）と売上高や利益の質的な増加状況から成長性をみる「収益・利益成長率」（今期売上高または利益÷前期売上高または利益）×１００（％）がある。成長率は、１００％を超えていれば前期より成長しており、１００％以下の場合には前期より停滞を意味しているが、成長率も大きいほど成長性が高いと判断します。

会社間比較分析の進め方（手順）

会社間比較分析の進め方（手順）は次のとおり。

① 会社間分析に必要な資料である財務諸表（貸借対照表と損益計算書）を入手し、分析指標の計算に便利なように、さらに会社の全体像がざっくりと分るように要約貸借対照表分解表と要約損益計算書分解表を作成します。

② 個別会社ごとの各種比率の算定と分析対象会社全体の平均値を算定します。

③ 分析対象会社全体の各種比率の平均値を「ポイント（Ｐと略称）係数」を「５」とした場合の個別会社各種比率の算定値に対する「Ｐ係数」へ置き換えます。また、分析目的別（収益性－資本利益率と売上高利益率、活動性－資本活動率と資産活動率、安全性－資本安全率と資産資本安全率、成長性－規模成長率と収益・利益成長率ごと）に各種指標のポイント係数の平均値である「平均Ｐ係数」を算定します。

④　分析目的別の「平均P係数」をまとめた「総合平均P係数」を算定する。総合平均P係数は、分析対象会社個別の総合評価です。

ポイント係数の求め方は、たとえば、総資本売上総益率がA社38・03％、K社33・39％、S社40・73％、平均37・03％としたとき、平均値37・03％を「5」として計算したとき、A社は5÷37・03×38・03＝5・13P、同様にK社は4・51P、S社は5・50Pとなり、順位はS、A、K社となり、S社とA社が平均値を上回し、K社は下回っていることを表しています。なお、「1P」の差（開き）は平均値などから20％の開きがあることを示しています。

ビール企業3社（アサヒ―「A社」と略称以下同様、キリン―「K社」、サントリー―「S社」）にみるポイント係数評価法による企業間比較

●要約貸借対照表分解表と要約損益計算書分解表の作成

分析指標の算定のみならず概観分析にも役立つ要約対照表分解表と要約損益計算書分解表は、公表用の有価証券報告書（決算日２０１３年12月31日）に記載されている連結貸借対照表と連結損益計算書から作成しています。３社の要約貸借対照表分解表と要約損益計算書分解表は**表1**と**表2**のとおりです。

表1　要約貸借対照表分解表

（単位：百万円）

	A社		K社		S社	
（資産の部）	前期	今期	前期	今期	前期	今期
Ⅰ　流動資産合計	529,189	534,890	789,496	814,788	753,283	1,007,834
当座資産	351,573	359,306	497,054	509,872	493,787	705,896
（うち現金預金）	34,573	42,200	83,916	113,759	228,128	418,654
（うち売上債権）	317,000	317,106	413,138	396,113	265,659	287,242
（うち有価証券）	－	－	－	－	－	－
（うち現金性資産）	34,573	42,200	83,916	113,759	228,128	418,654
棚卸資産	113,518	118,302	206,501	225,045	183,727	224,133
その他の流動資産	64,087	57,280	85,939	79,869	75,767	77,804
Ⅱ　固定資産合計	1,202,998	1,256,665	2,161,564	2,081,667	974,084	1,364,861
有形固定資産	583,398	584,219	763,437	764,378	420,228	527,269
（うち建設仮勘定）	7,828	19,436	50,578	74,805	8,482	15,784
無形固定資産	299,137	290,025	821,948	836,936	380,531	650,413
投資その他の資産	320,461	382,419	576,178	480,351	173,325	187,178
Ⅲ　繰延資産	－	－	－	－	594	1,374
資産（総資産）合計	1,732,187	1,791,555	2,951,061	2,896,456	1,727,963	2,374,070
（うち経営資本）	1,403,898	1,389,700	2,324,305	2,341,300	1,545,562	2,169,734
（負債の部）	前期	今期	前期	今期	前期	今期
Ⅰ　流動負債合計	680,068	666,081	718,137	659,898	572,794	760,029
（うち仕入債務）	117,774	118,650	151,184	155,863	183,892	199,809
（うち有利子負債）	91,341	100,894	195,040	148,410	106,295	191,994
Ⅱ　固定負債合計	325,239	297,993	1,079,202	935,831	621,470	557,315
（うち有利子負債）	229,156	197,100	768,584	642,667	490,550	387,087
負債（他人資本）合計	1,005,308	964,074	1,797,159	1,595,729	1,194,265	1,317,344
（うち有利子負債合計）	320,497	197,100	963,624	791,077	596,845	579,081
（純資産の部）						
Ⅰ　株主資本（自己資本）合計	723,818	819,293	948,943	1,075,861	507,798	768,010
払込資本	305,409	295,036	179,951	129,559	46,086	45,559
（うち資本金）	182,531	182,531	102,045	102,045	70,000	70,000
稼得資本（含むその他包括利益累計額）	418,409	524,256	768,991	946,301	461,713	722,452
（うち利益剰余金）	383,177	428,661	796,737	850,511	477,809	666,066
Ⅱ　その他純資産	3,060	8,186	204,957	224,864	25,900	288,714
純資産合計	726,879	827,481	1,153,961	1,300,726	533,697	1,056,726
負債純資産（総資本）合計	1,732,187	1,791,555	2,951,061	2,896,456	1,727,963	2,374,070
（うち長期資本）	1,049,057	1,117,286	2,027,965	2,011,692	1,129,268	1,325,325
従業員数（人）	17,956	18,001	41,246	39,922	28,767	34,129

表２　要約損益計算書分解表

（単位：百万円）

	A社		K社		S社	
	前期	今期	前期	今期	前期	今期
Ⅰ　売上高	1,579,076	1,714,237	2,186,177	2,254,585	1,851,567	2,040,204
Ⅱ　売上原価	974,702	1,032,853	1,274,472	1,287,590	923,270	1,015,376
売上総利益	604,374	681,383	911,704	966,995	928,297	1,024,827
Ⅲ　販売費及び一般管理費	495,937	563,916	758,682	824,177	820,553	898,269
（うち広告宣伝費）	44,017	52,418	79,917	96,825	72,313	83,770
（うち人件費）	82,715	89,980	159,674	168,495	150,017	167,544
（うち賃借料）	－	－	－	－	－	－
（うち租税公課）	－	－	－	－	－	－
（うち減価償却費）	18,092	23,640	34,597	38,354	31,294	36,047
（うち研究開発費）	9,613	10,814	55,007	54,049	※17042	※17997
営業利益	108,437	117,467	153,022	142,818	107,744	126,558
Ⅳ　営業外収益	14,123	13,101	18,034	16,555	5,212	5,934
（うち金融収益）	1,737	1,989	7,164	7,063	3,059	3,554
Ⅴ　営業外費用	7,738	6,955	32,605	27,239	9,894	11,939
（うち金融費用）	4,043	3,595	22,827	21,351	8,288	8,320
（うち純金融費用）	2,306	1,606	15,663	14,288	5,229	4,766
経常利益	114,821	123,612	138,452	132,134	103,061	120,552
Ⅵ　特別利益	9,356	4,344	34,030	73,227	1,371	181,170
（うち固定資産売却益）	353	1,501	16,224	22,729	－	－
Ⅶ　特別損失	24,338	17,485	38,890	48,155	10,752	15,897
（うち固定資産売却損）	－	－	1,073	2,677	－	－
税引（税金等調整）前当期純利益	99,840	110,470	133,592	157,206	93,680	285,826
法人税等	42,307	48,626	60,128	53,257	49,774	73,439
少数株主利益（△は損）	349	95	17,265	18,292	7,275	16,812
当期純利益	57,183	61,749	56,198	85,656	36,631	195,574

※当期製造費用中の研究開発費を含む

●収益性の分析

収益性の分析は、「資本利益率」と「売上高利益率」に分けて行います。

①　資本利益率の分析

資本利益率は利益を資本で除して求められます。分母に使用する資本には、総資本または総資産、経営資本（＝総資産－建設仮－投資その他の資産－繰延資産）、自己資本（その他包括利益累計額を含む株主資本）があり、分子の利益には売上総利益、営業利益、経常利益、当期純利益があります。これらの組み合わせにより、総資本総益率、総資本営業利益率、総資本経常利益率、総資本当期純利益率、経営資本営業利益率、自己資本経常利益率および自己資本当期純利益率などの7指標があります。実例3社の資本利益率指標の算定とポイント係数の一覧表は**表3**のとおりです。

資本利益率で5Pを超えた指標は、7指標中、A社は総資本売上総益率（5・02）、総資本営業利益率（5・98）、総資本経常利益率（最高の6・47）、経営資本営業利益率（6・05）、自己資本経常利益率（5・34）の5指標であり、K社はゼロ、S社は、総資本売上総益率（5・70）、総資

表3　資本利益率の平均ポイント係数表

指標	企業名	計算式	回	ポイント係数
総資本売上総益率（売上総利益÷総資本）×100	A	681,383 / 1,791,555	38.03	5.02
	K	966,995 / 2,896,456	33.39	4.41
	S	1,024,827 / 2,374,070	43.17	5.70
	平均	2,673,205 / 7,062,081	37.85	5.00
総資本営業利益率（営業利益÷総資本）×100	A	117,467 / 1,791,555	6.56	5.98
	K	142,818 / 2,896,456	4.93	4.50
	S	126,558 / 2,374,070	5.33	4.87
	平均	386,843 / 7,062,081	5.48	5.00
総資本経常利益率（経常利益÷総資本）×100	A	123,612 / 1,791,555	6.90	6.47
	K	132,134 / 2,896,456	4.56	4.28
	S	120,552 / 2,374,070	5.08	4.76
	平均	376,298 / 7,062,081	5.33	5.00
総資本当期純利益率（当期純利益÷総資本）×100	A	61,749 / 1,791,555	3.45	3.55
	K	85,656 / 2,896,456	2.96	3.04
	S	195,574 / 2,374,070	8.24	8.48
	平均	342,979 / 7,062,081	4.86	5.00
経営資本営業利益率（営業利益÷経営資本）×100	A	117,467 / 1,117,286	10.51	6.05
	K	142,818 / 2,011,692	7.10	4.09
	S	126,558 / 1,325,325	9.55	5.50
	平均	386,843 / 4,454,303	8.68	5.00
自己資本経常利益率（経常利益÷自己資本）×100	A	123,612 / 819,293	15.09	5.34
	K	132,134 / 1,075,861	12.28	4.35
	S	120,552 / 768,010	15.70	5.55
	平均	376,298 / 2,663,164	14.13	5.00
自己資本当期純利益率（当期純利益÷自己資本）×100	A	61,749 / 819,293	7.54	2.93
	K	85,656 / 1,075,861	7.96	3.09
	S	195,574 / 768,010	25.47	9.89
	平均	342,979 / 2,663,164	12.88	5.00
平均ポイント係数	A			5.05
	K			3.97
	S			6.39

本当期純利益率（8・48）、経営資本営業利益率（5・50）、自己資本経常利益率（5・55）、自己資本当期純利益率（最高の9・89）の5指標です。

資本利益率の良否の企業別の順位付けを示す平均ポイント係数は、上位がS社の6・39、中位がA社の5・05、下位がK社の3・97の順位となっています。

② 売上高利益率の分析

売上高利益率は利益を売上高で除して求められます。分子に使用する利益の違いにより、売上高

表4　売上高利益率の平均ポイント係数表

指標	企業名	計算式	回	ポイント係数
売上総益率（売上総利益÷売上高）×100	A	681,383 / 1,714,237	39.75	4.47
	K	966,995 / 2,254,585	42.89	4.82
	S	1,024,827 / 2,040,204	50.23	**5.65**
	平均	2,673,205 / 6,009,026	44.49	5.00
営業利益率（営業利益÷売上高）×100	A	117,467 / 1,714,237	6.85	**5.32**
	K	142,818 / 2,254,585	6.33	4.92
	S	126,558 / 2,040,204	6.20	4.82
	平均	386,843 / 6,009,026	6.44	5.00
経常利益率（経常利益÷売上高）×100	A	123,612 / 1,714,237	7.21	**5.76**
	K	132,134 / 2,254,585	5.86	4.68
	S	120,552 / 2,040,204	5.91	4.72
	平均	376,298 / 6,009,026	6.26	5.00
当期純利益率（当期純利益÷売上高）×100	A	61,749 / 1,714,237	3.60	3.16
	K	85,656 / 2,254,585	3.80	3.33
	S	195,574 / 2,040,204	9.59	**8.40**
	平均	342,979 / 6,009,026	5.71	5.00
平均ポイント係数	A			4.68
	K			4.44
	S			**5.89**

売上総利益率（売上総益率）、売上高営業利益率（営業利益率）、売上高経常利益率（経常利益率）、売上高当期純利益率（当期純利益率）などの4指標があります。実例3社の各種売上高利益率指標の算定とポイント係数の一覧表は**表4**のとおりです。

売上高利益率で5Pを超えた指標は、4指標中、A社は営業利益率（5・32）、経常利益率（最高の5・76）の2指標、K社はゼロ、S社は、売上総益率（5・65）、当期純利益率（8・40）の2指標です。

売上高利益率の良否の企業別の順位付けを示す平均ポイント係数は、5Pを超えたのは上位がS社の5・89だけで、中位がA社の4・68、下位がK社の4・44の順位で5Pを下回っています。

活動性の分析

活動性の分析は、資本効率をみる「資本回転率」と資産効率をみる「資産回転率」に分けて行います。

①　資本回転率の分析

資本回転率は、売上高を資本で除して求められます。分母に使用する資本の違いにより、総資本回転率、経営資本回転率、自己資本回転率などの3指標があります。実例3社の各種資本回転率指標の算定とポイント係数の一覧表は**表5**のとおりです。

資本回転率で5Pを超えた指標は、3指標中、A社は総資本回転率（5・62）、経営資本回転率（6・06）の2指標、K社はゼロ、S社は、総資本回転率（5・05）、自己資本回転率（5・89）の

表5　資本活動性（資本効率）の平均ポイント係数表

指標	企業名	計算式	回	ポイント係数
総資本回転率（売上高÷総資本）	A	1,714,237 / 1,791,555	0.96	**5.62**
	K	2,254,585 / 2,896,456	0.78	4.57
	S	2,040,204 / 2,374,070	0.86	**5.05**
	平均	6,009,026 / 7,062,081	0.85	5.00
経営資本回転率（売上高÷経営資本）	A	1,714,237 / 1,389,700	1.23	**6.06**
	K	2,254,585 / 2,341,300	0.96	4.73
	S	2,040,204 / 2,169,734	0.94	4.62
	平均	6,009,026 / 5,900,734	1.02	5.00
自己資本回転率（売上高÷自己資本）	A	1,714,237 / 819,293	2.09	4.64
	K	2,254,585 / 1,075,861	2.10	4.64
	S	2,040,204 / 768,010	2.66	**5.89**
	平均	6,009,026 / 2,663,164	2.26	5.00
平均ポイント係数	A			**5.44**
	K			4.65
	S			**5.18**

2指標です。資本回転率の良否の企業別の順位付けを示す平均ポイント係数は、上位がA社の5・44、中位がS社の5・18、下位がK社の4・65の順位となっています。

②　資産回転率の分析

資産回転率は、売上高または売上原価を資産で除して求められます。分母に使用する資産の違いにより、固定資産回転率、有形固定資産回転率、売上債権回転率、仕入債務回転率（売上債権回転率との関係で資産回転率としています）、棚卸資産回転率などの5指標があります。ここで売上債権とは受取手形と売掛金の合計額のことであり、仕入債務とは支払手形と買掛金の合計額のことをいいます。実例企業3社の各種資産回転率指標の算定とポイント係数の一覧表は**表6**のとおりです。

資産回転率で5Pを超えた指標は、5指標中、A社は固定資産回転率（5・34）、仕入債務回転

表6　資産活動性（資産効率）の平均ポイント係数表

指標	企業名	計算式	回	ポイント係数
固定資産回転率（売上高÷固定資産）	A	1,714,237	1.36	5.34
		1,256,665		
	K	2,254,585	1.08	4.24
		2,081,667		
	S	2,040,204	1.49	5.85
		1,364,861		
	平均	6,009,026	1.28	5.00
		4,703,193		
有形固定資産回転率（売上高÷有形固定資産）	A	1,714,237	2.93	4.58
		584,219		
	K	2,254,585	2.95	4.60
		764,378		
	S	2,040,204	3.87	6.04
		527,269		
	平均	6,009,026	3.20	5.00
		1,875,866		
売上債権回転率（売上高÷売上債権）	A	1,714,237	5.41	4.50
		317,106		
	K	2,254,585	5.69	4.74
		396,113		
	S	2,040,204	7.10	5.91
		287,242		
	平均	6,009,026	6.01	5.00
		1,000,461		
仕入債務回転率（売上原価÷仕入債務）	A	1,032,853	8.71	6.19
		118,650		
	K	1,287,590	8.26	5.87
		155,863		
	S	1,015,376	5.08	3.61
		199,809		
	平均	3,335,819	7.03	5.00
		474,322		
棚卸資産回転率（売上原価÷棚卸資産）	A	1,032,853	8.73	7.43
		118,302		
	K	1,287,590	5.72	4.87
		225,045		
	S	1,015,376	4.53	3.85
		224,133		
	平均	3,335,819	5.88	5.00
		567,480		
平均ポイント係数	A			5.61
	K			4.86
	S			5.05

率（6・19）、棚卸資産回転率（7・43）の3指標、K社は仕入債務回転率（5・87）の1指標、S社は、固定資産回転率（5・85）、有形固定資産回転率（6・04）、売上債権回転率（5・91）の3指標です。

資産回転率の良否の企業別の順位付けを示す平均ポイント係数は、上位がA社の5・61、中位がS社の5・05、下位がK社の4・86の順位となっています。

●安全性の分析

安全性の分析は、資本の調達源泉から安全性を見た「資本安全率」と資本の調達源泉と運用形態との関係で安全性をみる「資産・資本安全率」に分けて行います。

① 資本安全率の分析

資本安全率は、その調達源泉の相違により自己資本比率、負債比率、長期資本比率、流動負債対固定負債比率、有利子負債倍率、利益剰余金比率などの6指標があります。ここで長期資本とは、

表7　資本安全性の平均ポイント係数表

指標	企業名	計算式	回	ポイント係数
自己資本比率（自己資本÷総資本）×100	A	819,293 / 1,791,555	45.73	6.06
	K	1,075,861 / 2,896,456	37.14	4.92
	S	768,010 / 2,374,070	32.35	4.29
	平均	2,663,164 / 7,062,081	37.71	5.00
負債比率（自己資本÷他人資本）×100	A	819,293 / 964,074	84.98	6.19
	K	1,075,861 / 1,595,729	67.42	4.91
	S	768,010 / 1,317,344	58.30	4.24
	平均	2,663,164 / 3,877,147	68.69	5.00
長期資本比率（長期資本÷他人資本）×100	A	1,117,286 / 1,791,555	62.36	4.94
	K	2,011,692 / 2,896,456	69.45	5.51
	S	1,325,325 / 2,374,070	55.83	4.43
	平均	4,454,303 / 7,062,081	63.07	5.00
流動負債対固定負債比率（固定負債÷流動負債）×100	A	297,993 / 666,081	44.74	2.61
	K	935,831 / 659,898	141.81	8.26
	S	557,315 / 760,029	73.33	4.27
	平均	1,791,139 / 2,086,008	85.86	5.00
有利子負債倍率（他人資本÷有利子負債）（倍）	A	964,074 / 197,100	4.89	9.89
	K	1,595,729 / 791,077	2.02	4.08
	S	1,317,344 / 579,081	2.27	4.60
	平均	3,877,147 / 1,567,258	2.47	5.00
利益剰余金比率（利益剰余金÷自己資本）×100	A	428,661 / 819,293	52.32	3.58
	K	850,511 / 1,075,861	79.05	5.41
	S	666,066 / 768,010	86.73	5.94
	平均	1,945,238 / 2,663,164	73.04	5.00
平均ポイント係数	A			5.54
	K			5.51
	S			4.63

自己資本に固定負債を加えたものを、有利子負債とは借入金や社債などのように利息の支払いがある負債のことをいいます。実例企業3社の資本安全率指標の算定とポイント係数の一覧表は**表7**のとおりです。

資本安全率で5Pを超えた指標は、6指標中、A社は自己資本比率（6・06）、負債比率（6・19）、有利子負債倍率（9・89）の3指標、K社は流動負債対固定負債比率（8・26）、利益剰余金比率（5・41）の2指標、S社は、利益剰余金比率（5・94）の1指標です。

資産安全率の良否の企業別の順位付けを示す平均ポイント係数は、上位がA社の5・54、中位がK社の5・51、下位がS社の4・63の順位となっています。

②　資産・資本安全比率

資産・資本安全率は、資本の調達源泉と運用形態からみたもので、流動比率、当座比率、現金性資産比率、売上債権対仕入債務比率、固定比率、長期資本固定比率など6指標があります。ここで現金性資産とは、現金預金に有価証券を加えたものをいいます。実例企業3社の資産・資本安全率指標の算定とポイント係数の一覧表は**表8**のとおりです。

資産・資本安全率で5Pを超えた指標は、6指標中、A社は売上債権対仕入債務比率（6・34）、固定比率（5・76）の2指標、K社は流動比率（5・46）、当座比率（5・12）、売上債権対仕入債務比率（6・02）、長期資本固定比率（5・10）の4指標、S社は、流動比率（5・87）、当座比率（6・15）、現金性資産比率（10・00）、長期資本固定比率（5・13）の4指標です。

資産・資本安全率の良否の企業別の順位付けを示す平均ポイント係数は、上位がS社の5・92、

表8　資産資本安全性の平均ポイント係数表

指標	企業名	計算式	回	ポイント係数
流動比率（流動資産÷流動負債）×100	A	534,890 / 666,081	80.30	3.55
	K	814,788 / 659,898	123.47	5.46
	S	1,007,834 / 760,029	132.60	5.87
	平均	2,357,512 / 2,086,008	113.02	5.00
当座比率（当座資産÷流動負債）×100	A	359,306 / 666,081	53.94	3.57
	K	509,872 / 659,898	77.27	5.12
	S	705,896 / 760,029	92.88	6.15
	平均	1,575,074 / 2,086,008	75.51	5.00
現金性資産比率（現金性資産÷流動負債）×100	A	42,200 / 666,081	6.34	1.15
	K	113,759 / 659,898	17.24	3.13
	S	418,654 / 760,029	55.08	10.00
	平均	574,613 / 2,086,008	27.55	5.00
売上債権対仕入債務比率（売上債権÷仕入債務）×100	A	317,106 / 118,650	267.26	6.34
	K	396,113 / 155,863	254.14	6.02
	S	287,242 / 199,809	143.76	3.41
	平均	1,000,461 / 474,322	210.92	5.00
固定比率（自己資本÷固定資産）×100	A	819,293 / 1,256,665	65.20	5.76
	K	1,075,861 / 2,081,667	51.68	4.56
	S	768,010 / 1,364,861	56.27	4.97
	平均	2,663,164 / 4,703,193	56.62	5.00
長期資本固定比率（長期資本÷固定資産）×100	A	1,117,286 / 1,256,665	88.91	4.69
	K	2,011,692 / 2,081,667	96.64	5.10
	S	1,325,325 / 1,364,861	97.10	5.13
	平均	4,454,303 / 4,703,193	94.71	5.00
平均ポイント係数	A			4.18
	K			4.90
	S			5.92

中位がK社の4・90、下位がA社の4・18の順位となっています。

●成長性の分析

成長性の分析は、資産や資本（従業員数や研究開発費など規模の増加につながるものも含む）などの量的規模の成長性をみる「資産・資本成長率」と収益・利益などの質的な成長性をみる「売上高・利益成長率」に分けて行います。

①　資産・資本成長率は、資産や資本などの増加割合をいい、総資本成長率、自己資本成長率、固定資産成長率、有形固定資産成長率、従業員成長率、研究開発費成長率などの5指標がある。実例企業3社の資産・資本成長率指標の算定とポイント係数の一覧表は**表9**のとおりです。

資産・資本成長率で5Pを超えた指標は、5指標中、A社は自己資本成長率（6・61）、研究開発費成長率（5・54）の2指標、K社はゼロ、S社は、総資本成長率（6・24）、固定資産成長率（5・74）、従業員成長率（5・67）、研究開発費成長率（5・20）の4指標です。

表9　資本資産成長性のポイント係数表

指標	企業名	計算式	%	ポイント係数
総資本成長率（今期総資産÷前期総資産）×100	A	1,791,555 / 1,732,187	103.43	4.69
	K	2,896,456 / 2,951,061	98.15	4.46
	S	2,374,070 / 1,727,963	137.39	6.24
	平均	7,062,081 / 6,411,211	110.15	5.00
自己資本成長率（今期自己資本÷前期自己資本）×100	A	819,293 / 507,798	161.34	6.61
	K	1,075,861 / 948,943	113.37	4.64
	S	768,010 / 723,818	106.11	4.34
	平均	2,663,164 / 2,180,559	122.13	5.00
固定資産成長率（今期固定資産÷前期固定資産）×100	A	1,256,665 / 1,202,998	104.46	4.28
	K	2,081,667 / 2,161,564	96.30	3.94
	S	1,364,861 / 974,084	140.12	5.74
	平均	4,703,193 / 4,338,646	108.40	5.00
従業員成長率（今期従業員数÷前期従業員数）×100	A	18,001 / 17,956	100.25	4.79
	K	39,922 / 41,246	96.79	4.62
	S	34,129 / 28,767	118.64	5.67
	平均	92,052 / 87,969	104.64	5.00
研究開発費成長率（今期研究開発費÷前期研究開発費）×100	A	10,814 / 9,613	112.49	5.54
	K	54,049 / 55,007	98.26	4.84
	S	17,997 / 17,042	105.60	5.20
	平均	82,860 / 81,662	101.47	5.00
平均ポイント係数	A			5.18
	K			4.50
	S			5.44

資産・資本成長率の良否の企業別の順位付けを示す平均ポイント係数は、上位がS社の5・44、中位がA社5・18、下位がK社の4・50の順位となっています。

② 売上高・利益成長率は、売上高と各種利益の増加割合をいい、売上高成長率、営業利益成長率、経常利益成長率、当期純利益成長率などの4指標があります。実例企業3社の売上高・利益成長率指標の算定とポイント係数の一覧表は**表10**のとおりです。

売上高・利益成長率で5Pを超えた指標は、4指標中、A社は売上高成長率（5・07）、営業利

表10　売上高・利益成長性のポイント係数表

指標	企業名	計算式	回	ポイント係数
売上高成長率（今期売上高÷前期売上高）×100	A	1,714,237 / 1,579,076	108.56	**5.07**
	K	2,254,585 / 2,186,177	103.13	4.82
	S	2,040,204 / 1,851,567	110.19	**5.15**
	平均	6,009,026 / 5,616,820	106.98	5.00
営業利益成長率（今期営業利益÷前期営業利益）×100	A	117,467 / 108,437	108.33	**5.17**
	K	142,818 / 153,022	93.33	4.45
	S	126,558 / 107,744	117.46	**5.61**
	平均	386,843 / 369,203	104.78	5.00
経常利益成長率（今期経常利益÷前期経常利益）×100	A	123,612 / 114,821	107.66	**5.10**
	K	132,134 / 138,452	95.44	4.52
	S	120,552 / 103,061	116.97	**5.54**
	平均	376,298 / 356,334	105.60	5.00
当期純利益成長率（今期当期純利益÷前期当期純利益）×100	A	61,749 / 57,183	107.98	2.36
	K	85,656 / 56,198	152.42	3.33
	S	195,574 / 36,631	533.90	**11.68**
	平均	342,979 / 150,012	228.63	5.00
平均ポイント係数	A			4.43
	K			4.28
	S			**6.99**

益成長率（5・17）、経常利益成長率（5・10）の3指標、K社はゼロ、S社は売上高成長率（5・15）、営業利益成長率（5・61）、経常利益成長率（5・54）、当期純利益成長率（驚異の11・68）の全部の4指標です。

資産・資本成長率の良否の企業別の順位付けを示す平均ポイント係数は、上位がS社の6・99、中位がA社4・43、下位がK社の4・28の順位となっています。

表11　企業間総合評価ポイント表

	A	K	S
（収益性）			
資本利益率	5.05	3.97	6.39
売上高利益率	4.68	4.44	5.89
収益性平均ポイント係数	**4.87**	**4.21**	**6.14**
（活動性）			
資本回転率	5.44	4.65	5.18
資産回転率	5.61	4.86	5.05
活動性平均ポイント係数	**5.53**	**4.76**	**5.12**
（安全性）			
資本安全率	5.54	5.51	4.63
資産資本安全率	4.18	4.90	5.92
安全性平均ポイント係数	**4.86**	**5.21**	**5.28**
（成長性）			
資産・資本成長率	5.18	4.50	5.44
収益（利益）成比率	4.43	4.28	6.99
成長性平均ポイント係数	**4.81**	**4.39**	**6.22**
総合平均ポイント係数	**5.01**	**4.64**	**5.69**

●ビール企業3社の総合評価（順位づけ）

ビール企業3社の総合評価（順位づけ）を示した企業間総合評価ポイント係数表は、**表11**のとおりです。

収益性の分析では、S社が6・14で上位、A社が4・87で中位、K社が

4・21で下位。活動性の分析では、A社が5・53で上位、S社が5・12で中位、K社が4・76で下位。安全性の分析では、S社が5・28で上位、K社が5・21で中位、A社が4・86で下位。成長性の分析では、S社が6・22で上位、A社が4・81で中位、K社が4・39で下位。

収益性、活動性、安全性および成長性の全体の良否を示す総合評価（つまり順位付け）は、上位がS社で5・69、ついでA社が中位の5・01、下位がK社の4・64となりました。S社と平均値から0・69Pほど良好を、A社は中位で＋0・01で平均的な企業であることを、また、S社は、平均値から0・36の悪化を示している。また、上位のS社と下位のK社との間には良好の差が約1Pあることが分かります。

おわりに

ポイント係数評価法の長所は、収益性・活動性・安全性・成長性の指標相互間に測定値に%、回、倍の違いがあっても各指標の平均値とその指標の測定値をポイント係数に直すことで、同一基準でその開きをみることができます。反面、短所は指標の算定値が大きいほど良化を示すものを選ばなければならないこと、たとえば売上高費用率や回転期間（回転率の逆数）の算定はその値が少ないほど良いことになるので、ここでの指標には該当しないことになります。

最後に、制限字数の関係で、具体的な指標とその算定方法の説明を省略させていただいています。その具体的な説明については、参考文献などを参照してください。

【参考文献】

岩崎功（２０１４）『ポイント係数法による実践経営分析』五絃舎。
岩崎功（２０１６近刊）『考える企業間比較のための経営分析─ポイント係数評価法による─』五絃舎。

第11章

再生可能エネルギー発電事業の可能性
――固定価格買取制度下における地方自治体メガソーラー発電事業を素材に

清水雅貴

はじめに――本研究の課題と分析視角

従来、我が国における再生可能エネルギー[1]の導入は、政府の義務づけによって一定量の再生可能エネルギー需要を生み出すといった、固定枠制度（以下、RPS）によって進められてきた。RPS制度は米国など海外において一定の成功を収めていたが、我が国においては再生可能エネルギーの普及に貢献できなかった。その原因としては、導入目標が極めて低く、2010年度において全国電力販売量の1・1％に過ぎなかったことが指摘できる。その他、導入量について政府が義務づけたとしても、再生可能エネルギーによって生み出された電力の買取価格は各電力会社に委ねられており、低く抑えられた買取価格が再生可能エネルギー発電事業者にとってリスクとして存在した結果、積極的な導入行動が起きなかった点も指摘できる[2]。

その中で2012年7月より、電気会社が一定期間、固定価格で再生可能エネルギーによって発電された電力を購入することを義務づけた、固定価格買取制度（以下、ＦＩＴ制度）が導入された結果、太陽光発電では10～20年間、電力会社による長期固定価格での買取が実現し、初期費用回収期間が大幅に短縮された。そして、ＦＩＴ制度の導入によって、２０１２年７月から２０１４年７月の間に１３７８万kWの太陽光発電による新規導入容量（住宅＋非住宅）が新設された。これは、ＦＩＴ制度が導入される以前に導入された太陽光発電新規導入容量（住宅＋非住宅）が約５６０万kWであったことから、２年の間にそれまでの導入量の約２・５倍が新たに導入されたことがわかる。(3)

そのような背景から近年、民間だけでなく地方自治体が自ら大規模太陽光発電（以下、メガソーラー）事業に参入するケースが増えている。その理由は、環境に負荷を与えずに地域の電力安定供給を目指すとともに、ＦＩＴ制度を背景とした収益性が見込める事業として捉えられていることにある。一方で、民間による参入が活発な同分野で、なぜ地方自治体が事業運営を行うのかといったことについては、必ずしも明確な理由が明らかにされていない。

そこで本論文は、地方自治体によるメガソーラー発電事業の事例分析を通じ、その収益性と財政的寄与、民間企業と比べた場合の優位性と課題について析出を試みる。

具体的な研究方法については、はじめに、全国で設置されるメガソーラー発電事業のうち、地方自治体が導入するメガソーラーについては、①直営、②公民連携、③民間委託（土地貸し）などに大きく分類できる。それらの事業運営形態について事例分析を通じ、それぞれの有効性や問題点について析出を試みる。次に、地方自治体が導入したメガソーラー発電事業について発電容量、総工費用、ランニングコスト等の統計を用いて、ＦＩＴ制度による電力売却益等の収入から、ＦＩＴ制度導入後の初期費用回収ペースや収益構造について分析する。そこから地方自治体がメガソーラー事業を運営する意義や課題についても検討する。

地方自治体におけるメガソーラー発電事業の導入可能性と課題

●地方自治体におけるメガソーラー発電事業運営方式

近年、地方自治体が再生可能エネルギー事業に参入する事例が増えている。その背景には、ＦＩＴ制度の導入による固定価格による長期間売電の実現によって収益性が予測しやすくなった点にあると指摘できる。その上で、エネルギー問題や環境問題を解決する手段として、公共、公益に資する事業として認知されている点についても地方自治体の参入を後押ししている。

このように、地方自治体がメガソーラー発電事業を運営しようとする場合、いくつかの運営方式が存在する。その方式は**表1**のとおり、直営、公民連携、民間委託（土地貸し）に大きく分類することができる。はじめに、直営については地方自治体が公有遊休地[4]に設計、設置、所有、保守管理を自ら行う方式である。この方式はＦＩＴ制度による売電による収益のすべてを地方自治体にて享受できる点が最大の長所となる。その一方で、保守管理や機器更新などに関わる費用捻出と保守管理等に関わる専門的人材を確保する必要がある。この問題点について実際には、保守管理等は一部業務委託など民間企業への小規模委託を行うケースが一般的である。

次に、公民連携については地方自治体が民間企業との委託契約により、公有遊休地に設計、設置、

表1　地方自治体における事業運営方式

運営方式	運営主体	用地形態	委託条件	メリット・デメリット
直　営	地方自治体	公有遊休地	——	FIT 制度収益のすべてを享受できる一方で、保守管理について一定の費用負担を見積もる必要がある。
公民連携・民間委託	地方自治体＋民間企業	公有遊休地	設計・設置から保守管理まで広範囲を包括的に委託	FIT 制度収益を民間企業とともに享受しつつ、保守管理費用を圧縮が可能。一方で、FIT 制度収益の按分や委託費用が発生する。命名権売却など。
			土地貸し	メガソーラー発電事業に関わるリスクを回避しながら、契約内容によっては災害時非常用電源供給施設の設置が可能。一方で、地方自治体には賃貸料しか収入が得られない。民間企業が設備を所有するため固定資産税が発生する。
(参考)民間企業	民間企業	自社遊休地	——	自社遊休地のため地代がかからない。地方自治体と比較すると固定資産税が発生する。
		民有貸地	——	地代がかかるうえ、固定資産税が発生する。

出所：筆者作成

所有、保守管理を行う方式である。この場合、包括的民間委託やＰＦＩやリース方式[5]など、さまざまな委託契約形態が想定される。この方式はＦＩＴ制度収益を民間企業とともに享受しつつ、保守管理費用の圧縮が可能になる点に特徴がある。一方で、契約形態によってはＦＩＴ制度収益を民間企業と按分する必要があったり、業務委託費用が発生する点が課題となる。この点について実際には、所有権以外については広範囲に民間企業へ委託する傾向にある。これは地方自治体が土地ならびに設備を所有することで固定資産税の発生を回避しつつ、費用効率的な運営を行うことを目的としていると考えられる。

次に、民間委託（土地貸し）については、地方自治体が公有遊休地をメガソーラー発電事業を運用する民間事業者に限って長期にわたって土地を貸す方式である。この方式は一種の民間委託として類別できるが、純粋な土地貸し事業であり、公民連携とは区別されるべきである。この方式では、メガソーラー発電事業に内在する発電量の変動による収入増減などのリスクを回避しながら、契約内容によってはたとえば、公益性を鑑みて災害時非常用電源供給施設の設置等が可能である。一方で、地方自治体には地代以外の収入が得られないといった課題を有している。また、土地を借りた民間企業が設備を所有するため、租税負担が発生し、収益計算に影響を与えることが予想される。

以上の地方自治体による運営方式を、民間企業単独の運営方式と比較すると、民間企業においては自社遊休地と民有貸地と用地形態に区別があり、民有貸地を活用する運営方式では、地代が収益計算に大きく影響することになる。この点において公有遊休地を活用する地方自治体の場合は地代がかからず、収益計算上、大きな利点であることがわかる。

また、地方自治体は一般的に法人税をはじめ固定資産税等の課税が免じられている点からも、そのことが収益計算に大きく影響することとなり、これらの要因により地方自治体による運営は、民間企業と比べて初期費用の回収期間が大幅に短くなることが予想される。そこで、このようなメガソーラー発電事業を地方自治体が運営するときの利点や特徴について、次では直営方式の事例を通じて分析していきたい。

●地方自治体直営方式によるメガソーラー発電事業の特徴と課題

地方自治体がメガソーラー発電事業に参入する場合、事業運営方式によって収益に大きな影響を与えることが前項の分析からわかった。ここでは、実際にＦＩＴ制度下のメガソーラー発電事業に直営方式で参入する場合の地方自治体の事例として、新潟県企業局によるメガソーラー発電事業に着目する。新潟県企業局では新潟版グリーンニューディール政策の取組の一環として、２０１１年10月より新潟県阿賀野市内に発電出力１MWのメガソーラー発電施設を設置した。そして、２０１２年7月には発電出力１MWの新潟東部太陽光発電所2号系列が設置され、発電した電力はＦＩＴ制度により売電された。また、２０１５年中には発電出力15MWの新潟東部太陽光発電所3号系列が設置される予定であり、すべての系列の発電出力を合計すると17MWになる。

このような国内のメガソーラー発電事業の中でも比較的大規模な発電事業が展開できる理由は、企業局が運営する新潟県東部産業団地遊休地を有効活用することができたためである。新潟県が公的にメガソーラー発電事業を推進する理由は、東日本大震災と福島第一原子力発電所の事故を受けて新潟県として循環型社会づくりを加速させるといった目標を打ち出したことが挙げられる。また、そのほかの理由として、多降雪地域である新潟県では、日照時間とともにソーラーパネルへの積雪による発電効率の低下が民間事業者による参入障壁となっていたことから、県が率先して「新潟雪国型メガソーラー発電」のビジネスモデルを提供する必要があったことが考えられる。新潟雪国型メガソーラー発電とは、通常のソーラーパネルの設置と異なり、雪対策のため地上１m以上の高さに設置し、さらに、設置角度を地上に対して比較的に急傾斜である30度とした設置方法を採用した発電施設である。

地方自治体による直営形態の運営はＦＩＴ制度収益のすべてを享受できる点がメリットとして挙げられる。また、土地の取得費用がかからない、または極めて安価で済むといった点でも投資回収期間の短期化のメリットを有している。新潟県ではこれらのメリットに加え、産業団地内ですでに整備済みの高圧電線（66kV）へ連系、送電することが可能となり、安価な連系設置費用によって大規模に発電した電力のすべてを売電できる体制が整っている点がメリットとして挙げられる。一方で、多降雪地域における発電効率の低下が懸念材料になるが、雪国型メガソーラー発電設計・設備の導入や、ＰＣＳ（直流交流電流変換設備）容量を上回るソーラーパネルの配置を行う(6)ことで、長期で安定的に発電出力が得られるような工夫がされている。

以上のとおり、地方自治体によるメガソーラー発電事業は地球環境対策として公益的な役割を発揮しながら、地代と租税面から民間企業と比べて収益性が高いことが予測される。そこで次では、新潟東部太陽光発電所３号系列をモデルとして初期費用回収ペースや収益構造について分析したい。

地方自治体におけるメガソーラー発電事業の収支試算

再生可能エネルギー導入事業の収支試算手法については、再生可能エネルギー事業者の収益を求めるうえで、基本的に次の式で示すことができる。

「収益＝売電量×売電単価－（固定費＋変動費）」

ここでいう固定費とは建設費、設備設置費等のいわゆるイニシャルコストのことである。そして、変動費は人件費や整備費、消耗品費等のいわゆるランニングコストのことである。この式では補助金や税金、減価償却費、損害保険費などを含めていないが、実際にはそれらの費用が、固定費と変動費に含まれることになる。再生可能エネルギー事業では総じて固定費の占める割合が大きくなり、初期投資が過大になることが懸案となっている。また、ＦＩＴ制度の導入以降は国の補助は削減される傾向にあり、初期投資費用大半が融資によって賄われる傾向である。一方で収益については、売電単価がＦＩＴ制度の導入により安定的にかつ高値で買取られることとなったため、長期的な安定収益構造を予測しやすくなってきている。

次に、上記の収支試算手法を応用して、新潟東部太陽光発電所3号系列を事例にメガソーラー発電事業の初期費用回収ペースと収益構造について試算してみたい。ここでは、試算の前提として、固定費となるイニシャルコストを全額借入金で賄い、現行のＦＩＴ制度買取価格で売電を行いながら、運転で得た収入全額を毎年利子つきで返済を行った場合、何年度目で完済し、利潤を求めることが可能かといった検証を行う。

試算の前提となるデータとして、年間発電電力量の推定値と建設工事費については**表2**のとおり新潟県企業局の公表資料から採用する。メガソーラー発電事業は建設費が膨大になる反面、他の再生可能エネルギー種別よりＦＩＴ制度での買取価格が高く設定されているため、売電収入も大きく

表２　新潟県企業局「新潟東部太陽光発電所３号系列」の概要

設置場所	新潟県阿賀野市かがやき地内（東部産業団地）
敷地面積	約45ha
送電電圧	66kV 東北電力株式会社送電線に連系
最大出力	PCS出力15MW パネル容量21.3MW
年間発電電力量	20,731.940MWh
建設工事費	5,280,000千円
営業運転開始	2015年度中
主要設備	太陽電池モジュールSi単結晶太陽電池250W パワーコンディショナー500kW×30台

出所：新潟県企業局資料より筆者作成

なる傾向にある。ここで注目したいのが、変動費をどのように計上するかということと、借入金の利率と返済期間についてである。変動費は実際に整備費等を積算する必要があるが、この費用は再生可能エネルギーの種類や設置する地域の自然・気象条件に大きく左右される特徴を持つため、本試算では既往研究を参考に発電量や固定費等に比例して定額を乗じる方法により仮想的に算出する(7)。

また、試算にあたっては、ＦＩＴ制度における買取価格が今後逓減していくことがわかっているため、はじめに２０１４年度ＦＩＴ制度買取価格である32円／kWhの場合と、次に現在の風力と同等の買取価格である(8)25円／kWhの場合、続いて、将来的に実現可能な発電コストを買取価格として15円／kWhとした場合についてそれぞれ試算を行う。

以上の前提条件を取り入れ、15MWのメガソーラー発電において、２０１４年度ＦＩＴ制度買取価格である10kW以上、32円／kWhを買取モデルケースとして設定して運営した場合に試算される収入と支出は**図1**の表の通りである。そしてこれらの試算例における事業収益と借入金残高の推移を示したものが図1のグラフである。

この試算結果から、今回のモデルケースでは、事業費をすべて借入金で賄った場合、事業開始より11年度目で借入金を完済し、それ以降は毎年約5億6千万円の利潤が得られることが析出された。

メガソーラー発電は固定費が大きく借入金の返済期間が長期化する傾向がある一方で、完済後の事業収益が大きいといった特徴を有している。これらはFIT制度の買取価格が高値で設定されていることと、地方自治体による直営を想定しているため、地代や租税負担がない（考慮していない）ことが大きく寄与していると考えられる。民間企業が民有貸地を利用して同じ条件の事業を行った場合は、毎年の地代や租税負担が発生するため、借入金の完済時期が延びることが予測される。

次に、15MWのメガソーラー発電において、将来のFIT制度買取価格について10kW以上、25円／kWhを買取モデルケースとして想定して運営した場合に試算される収入と支出は**図2**の表の通りである。そしてこれらの試算例における事業収益と借入金残高の推移を示したものが図2のグラフである。この試算結果から、今回のモデルケースでは、事業費をすべて借入金で賄った場合、事業開始より15年度目で借入金を完済し、それ以降は毎年約4億1千万円の利潤が得られることが析出された。32円／kWhでの試算よりも借入金の完済期間は遅くなるものの、太陽光発電施設の法定耐用年数である17年より早く借入金が完済され、それ以降は収益をもたらすこととなる。

この試算における買取価格ではまだ、利潤を見込むことができる価格に設定されていることがわかった。また、32円／kWhでの試算と同様に地方自治体による直営を想定しているため、本試算でも

図1　2014年度FIT制度買取価格（10kW以上、32円/kWh）をモデルケースとした場合の事業収益（折線右軸）と借入金残高（棒左軸）の推移

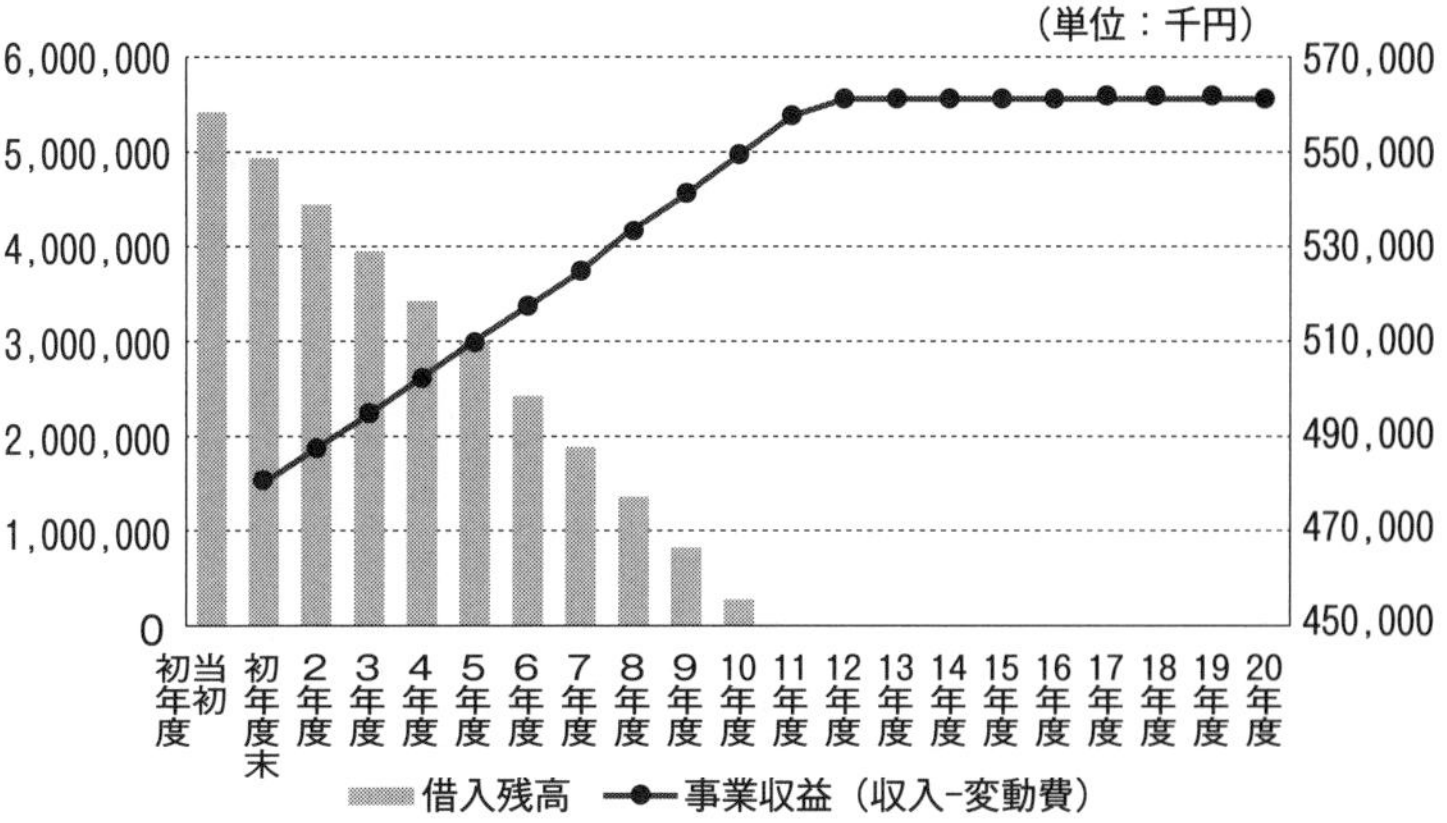

	項目1	項目2	積算基礎	金額
収入	年間売電量		単位：kWh	20,732,000kWh
	売電単価		FIT2014年度買取価格 @32円×20年間	32円/kWh
		年間収益計	年間発電量×売電単価	663,424千円/年
支出	固定費	①建設工事費	機器・設備・本体工事（連系・土地費用除く）	5,280,000千円
		②土地取得費用	企業局工業用地のため無償を想定 注1	0千円
		③系統連系	66kVへの連系を1kmで想定 @1.4億円/km 注2	140,000千円
		④税金	固定資産税、法人税等免除を想定	0千円
		⑤補助金	なし	0千円
		固定費計	①+②+③+④-⑤	5,420,000千円
	変動費	⑥人件費	電気主任技術者1名を想定 @300万円/年 注2	3,000千円/年
		⑦修繕費、保険料、事務管理費	固定費の1.6%を想定 注2	86,720千円/年
		⑧一般管理費	修繕費ほかの14%を想定 注2	12,141千円/年
		⑨支払利子	期首借入残高の1.5% 注3	毎年変動
		変動費計	⑥+⑦+⑧	101,861千円+ 支払利子/年

注1：新潟県企業局のヒアリングから、実際はリース形態を採っているがリース料は非公表。
注2：想定する積算根拠については、環境エネルギー政策研究所（2014）を参照した。
注3：支払利子の根拠については、牛山（2009）を参照した。
出所：筆者推計

図 2　将来の FIT 制度買取価格（10kW 以上、25円 /kWh を想定）をモデルケースとした場合の事業収益（折線右軸）と借入金残高（棒左軸）の推移

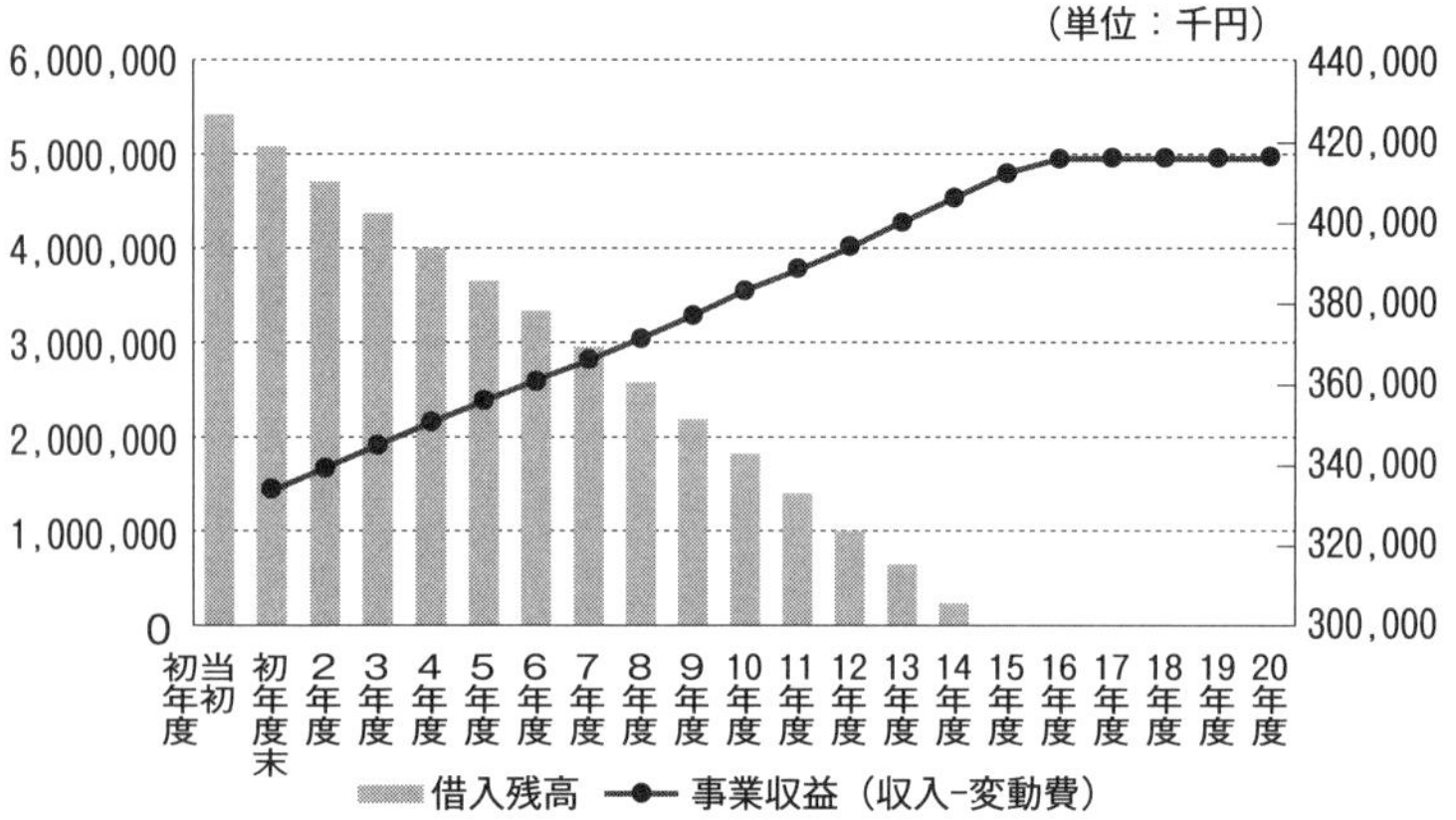

	項目1	項目2	積算基礎	金額
収入	年間売電量		単位：kWh	20,732,000kWh
	売電単価		想定買取価格 @25円×20年間	25円/kWh
		年間収益計	年間発電量×売電単価	518,300千円/年
支出	固定費	①建設工事費	機器・設備・本体工事（連系・土地費用除く）	5,280,000千円
		②土地取得費用	企業局工業用地のため無償を想定 注1	0千円
		③系統連系	66kVへの連系を1kmで想定 @1.4億円/km 注2	140,000千円
		④税金	固定資産税、法人税等免除を想定	0千円
		⑤補助金	なし	0千円
		固定費計	①+②+③+④-⑤	5,420,000千円
	変動費	⑥人件費	電気主任技術者1名を想定 @300万円/年 注2	3,000千円/年
		⑦修繕費、保険料、事務管理費	固定費の1.6%を想定 注2	86,720千円/年
		⑧一般管理費	修繕費ほかの14%を想定 注2	12,141千円/年
		⑨支払利子	期首借入残高の1.5% 注3	毎年変動
		変動費計	⑥+⑦+⑧	101,861千円+ 支払利子/年

注1：新潟県企業局のヒアリングから、実際はリース形態を採っているがリース料は非公表。
注2：想定する積算根拠については、環境エネルギー政策研究所（2014）を参照した。
注3：支払利子の根拠については、牛山（2009）を参照した。
出所：筆者推計

図３　将来のFIT制度買取価格（10kW以上、15円/kWhを想定）をモデルケースとした場合の事業収益（折線右軸）と借入金残高（棒左軸）の推移

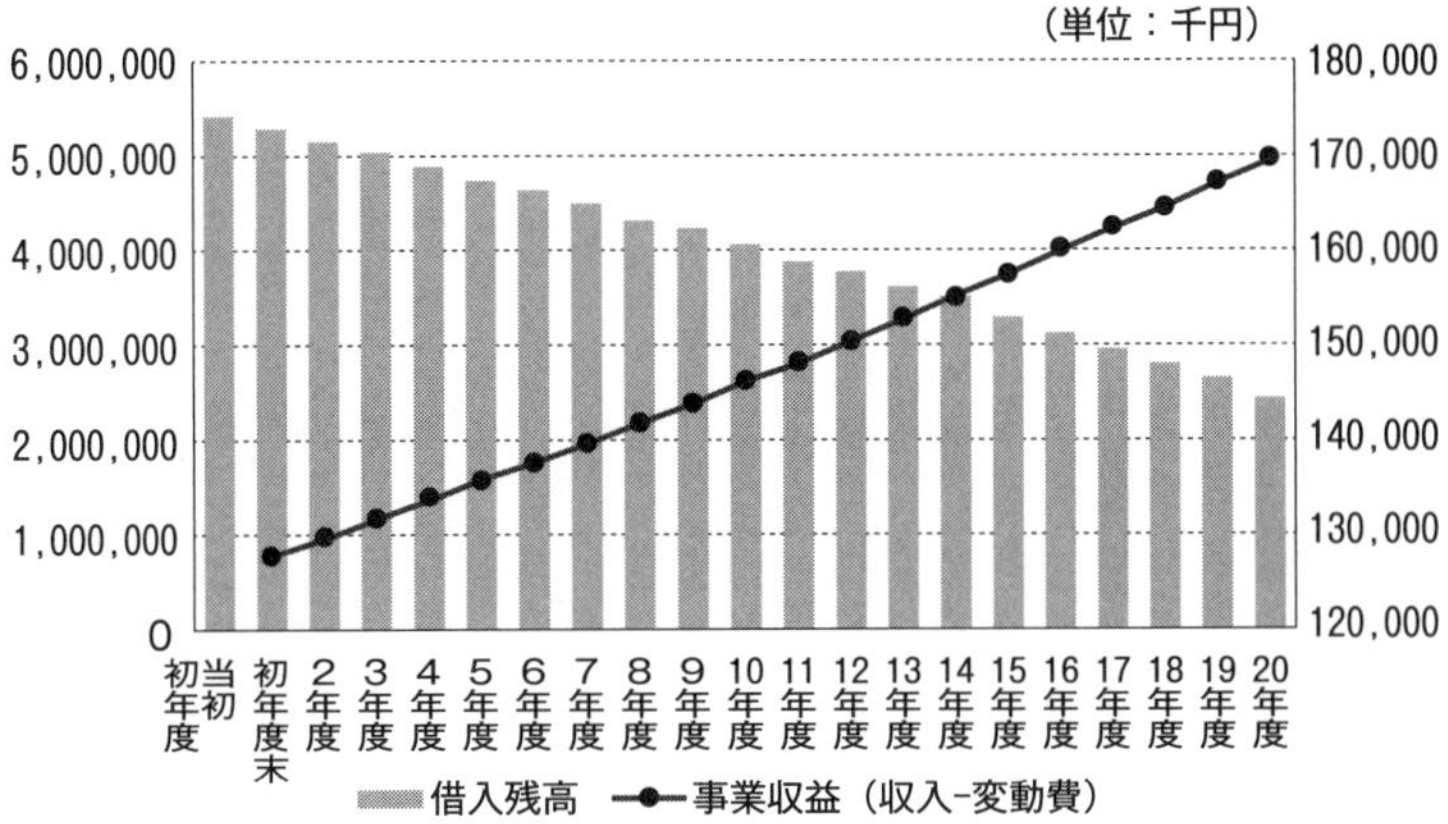

	項目1	項目2	積算基礎	金額
収入	年間売電量		単位：kWh	20,732,000kWh
	売電単価		想定買取価格 @15円×20年間	15円/kWh
		年間収益計	年間発電量×売電単価	310,980千円/年
支出	固定費	①建設工事費	機器・設備・本体工事（連系・土地費用除く）	5,280,000千円
		②土地取得費用	企業局工業用地のため無償を想定 注1	0千円
		③系統連系	66kVへの連系を1kmで想定 @1.4億円/km 注2	140,000千円
		④税金	固定資産税、法人税等免除を想定	0千円
		⑤補助金	なし	0千円
		固定費計	①+②+③+④-⑤	5,420,000千円
	変動費	⑥人件費	電気主任技術者1名を想定 @300万円/年 注2	3,000千円/年
		⑦修繕費、保険料、事務管理費	固定費の1.6%を想定 注2	86,720千円/年
		⑧一般管理費	修繕費ほかの14%を想定 注2	12,141千円/年
		⑨支払利子	期首借入残高の1.5% 注3	毎年変動
		変動費計	⑥+⑦+⑧	101,861千円 +支払利子/年

注１：新潟県企業局のヒアリングから、実際はリース形態を採っているがリース料は非公表。
注２：想定する積算根拠については、環境エネルギー政策研究所（2014）を参照した。
注３：支払利子の根拠については、牛山（2009）を参照した。
出所：筆者推計

地代や租税負担がない（考慮していない）ことが大きく寄与していると考えられる。
次に、15MWのメガソーラー発電において、将来のＦＩＴ制度買取価格について10kW以上、15円／kWhを買取モデルケースとして想定して運営した場合に試算される収入と支出は**図3**の表の通りである。そしてこれらの試算例における事業収益と借入金残高の推移を示したものが図3のグラフである。

この試算結果から、今回のモデルケースでは、事業費をすべて借入金で賄った場合、事業開始より20年度目になっても借入金を完済できず、利潤があげられないことが析出された。この理由は、本試算は将来的にソーラーパネルの発電単価が技術革新によって下落して固定費が圧縮されるといった状況ではなく、現在の固定費で試算を行っているためである。つまり、現在のソーラーパネルの発電単価では15円／kWhの買取価格では採算性が見込めないことがわかる。また、地代や租税負担を想定していない地方自治体での運営を前提とした試算で採算性がないならば、現状では民間企業によるメガソーラー発電事業でもこの買取価格での採算性はないと考えられる。

小括―メガソーラー発電導入と地方自治体の役割

以上、ここまで論じてきたとおり、再生可能エネルギー発電事業への参入は、地球環境問題の防止や災害時非常電力の供給など、公益的役割を担って市民に広く貢献するといった目的だけでなく、地方自治体において一定の財政的収入源となりうる可能性があるということがわかった。特に地方自治体における直営方式によるメガソーラー発電事業は、今後、ＦＩＴ制度下での買取価格が著しく低下しない限りにおいて、民間企業と比較して土地利用や地代、租税の面で優位な状況にあり、早期の借入金の完済とその後の売電収入が見込めるといった検証結果を得ることができた。しかしながら、このような地方自治体における新たな財政収支改善策に対しては、今後、事業開始段階で固定費（イニシャルコスト）の捻出方法が課題となってくるため、それらを金融面で支援できる仕組み作りが必要となってくるであろう。

なお、今回の試算では考慮に入れなかった諸条件がいくつかある。たとえば、発電施設の耐用年数（法定耐用年数）についてである。再生可能エネルギーの種類により耐用年数はさまざまで、太陽光発電の本体施設については、おおむね法定17年となっている。ここで留意しておきたいのは、ＦＩＴ制度で定められた20年間の買取期間内において、借入金を完済しつつ、さらに、買取期間が終了した21年目以降もＦＩＴ制度の買取価格よりも低くなると予想される通常の売電価格による収益で、ランニングコストを相殺できるような実働性を担保しなければならないということである。そういった観点から見ると、太陽光発電は経年による出力低下の性質を持っていたり、付帯設備であるＰＣＳの更新時期は比較的早いとされている。

そのため、今回の試算では考慮に入れなかったが、経年により修繕費が累増していくことへの対応策が熟慮されなければならない。また、すでに民間事業者が参入する市場競争状態で、有利な条件で地方自治体が参入する必然性についても、たとえば新潟県企業局のように条件不利地での公益的な役割を発揮するなどの目標を明確に掲げて参入することが今後重要になると考える(9)。

【注】

（1）本論文で論じる再生可能エネルギーとは、「エネルギー源として永続的に利用することができると認められるもの」として、太陽光、風力、水力、地熱、太陽熱、大気中の熱その他の自然界に存する熱、バイオマスを示す。

（2）我が国におけるRPS制度の問題点などについては、上園（2013）を参考にした。

（3）太陽光発電の新規導入容量については、経済産業省資源エネルギー庁ホームページ「固定価格買取制度情報公開用ウエブサイト」（http://www.fit.go.jp/statistics/public_sp.html　2015年1月閲覧）を参照した。

（4）実際には自治体所有の公有地を公営企業が会計上、取得または賃借する手続き等が発生する可能性がある。

（5）リース方式とは民間事業者との間で設備に関する賃貸借契約を結び、地方自治体が賃借料を支払う方式である。初期投資費用を大幅に圧縮できる点が特徴である。「栃木県足利市メガソーラー事業」が代表事例として挙げられる。

（6）新潟県企業局でのヒアリングによると、3号系列ではPCS容量は15MWでありながら、パネルの最大容量は21・3MWで設置されている。一般的に太陽光発電は日照の関係で一日に最大容量付近で発電する時間が極めて短く、PCSとパネルの容量を同一にするとPCSの容量に余裕を与えてしまい、無駄な投資が発生する傾向がある。

（7）そのためここで行う試算は、実際の発電事業の収支構造とは異なることに留意しなければならない。

（8）独立行政法人新エネルギー・産業技術総合開発機構（NEDO）における「太陽光発電システム次

世代高性能技術の開発」の開発目標を14円／kWhと定めている。詳細については、ＮＥＤＯ（２０１４）を参照した。

（9）本稿は平成26年度地方公営企業連絡協議会調査研究事業の助成による研究成果の一部である。また、本研究にあたっては新潟県企業局総務課へヒアリング調査を行い、情報提供を受けた。関係各位には感謝するとともに、本研究についての一切の責任は筆者にのみ帰することを申し添える。

【参考文献】


石井晴夫・金井昭典・石田直美（２００８）『公民連携の経営学』中央経済社。

上園昌武（編）（２０１３）『先進例から学ぶ再生可能エネルギーの普及政策』本の泉社。

牛山泉（監修）（２００９）『新エネ・省エネの経済的導入法―事例に学ぶ計画と評価』オーム社。

環境エネルギー政策研究所（編著）（２０１４）『地域の資源を活かす再生可能エネルギー事業』金融財政事情研究会。

桑原秀史（２００８）『公共料金の経済学―規制改革と競争政策』有斐閣。

経済産業省（編）（２０１３）『エネルギー白書２０１３』経済産業省。

経済産業省資源エネルギー庁（２０１３）『平成24年度　新エネルギー等導入促進基礎調査　太陽光発電システム等の普及動向に関する調査』経済産業省資源エネルギー庁。

塩見英治（２０１１）『現代公益事業―ネットワーク産業の新展開』有斐閣。

独立行政法人新エネルギー・産業技術総合開発機構（編）（２０１４）『ＮＥＤＯ再生可能エネルギー技術白書第2版』森北出版。

中村太和（2010）「循環型社会のエネルギー基盤：自然エネルギーの可能性」『経済理論』、第355号。

花田真一（2012）『再生可能エネルギー普及政策の経済評価』三菱経済研究所。

武藤博己（編）（2014）『公共サービス改革の本質』敬文堂。

山家公雄（2013）『再生可能エネルギーの真実』エネルギーフォーラム。

和田武（2013）『市民・地域主導の再生可能エネルギー普及戦略』かもがわ出版。

コラム

住民意思が政治的意思決定において反映されないのはなぜか

森下直紀

２０１４年度から和光大学に新たに開講された「科学技術社会論」という講義を担当することとなった。いまどき珍しいいかめしい科目名であるが、英語でＳＴＳ（Science Technology Society）と言い換えると何やら鉄道用語のようで、親しみがます気がする。この「科学技術社会論」だが、考察の対象となるのは、医療・食品・エネルギーなど多岐に渡るが、そういった分野の中でもイノベーションを引き起こす可能性があるような波及効果の大きい科学・技術的知見について、その社会的影響について検討が加えられてきた。この講義において、核・原子力利用についてロールプレイをおこなった際に、興味ふかい結果が得られたので、ご紹介したい。

事前に、原子力発電やその他の核関連施設とともに日本は資源エネルギー問題を考えていくべきか、という点について事前にアンケートを取ったところ、圧倒的多数が、そうすべきではないと回答した。これについては２０１１年３月の東日本大震災に伴う福島第一原発事故の収束が未だ確たるものとなっていないことが影響しているものと思われる。

ロールプレイは、まず３～４名のグループを複数定め、各々のグループには例えば漁業組合、婦人会、商工会、学者といった属性が与えられる。これらのグループは村の態度決定に先駆けて設けられた公聴会にまかり出て、意見表明と議論を行う。また5名からなる村議会を構成し、公聴会での各グループの意見を踏まえて、核関連施設の村域内誘致の可否の意見を表明するという流れで行われた。

「結果は明らか」と読者は推測されるものと思う。しかし、実際には満場一致で誘致の意見となった。いったいこの結果はなぜ生じたのであろうか。実は、このロールプレイを行う前に、核関連施設の誘致に関わる財政政策や、対象となる村の人口動態や経済産業状況についての情報提供を行った。これらの情報が意思決定プロセスにおいて大きな影響を与えたものと考えられる。

読者はこの結果について、どのように思われるだろうか。

第12章

造血幹細胞（さい帯血）の原価（第一報）
――『さい帯血原価計算要領』の逐条解説

井出　健二郎

なじみのうすい造血幹細胞《ぞうけつかんさいぼう》について

造血幹細胞移植とは、正常な血液を作ることが困難な白血病や再生不良性貧血などをわずらう患者さんに対して、提供するヒト（ドナー）の造血幹細胞を移植して新しい血液を造ること（造血）ができるようにする治療のことをいいます。

さて、造血幹細胞とは、血液の元となる細胞のことです。移植に用いるものとしては、骨髄《こつずい》（骨の中にある柔組織を採取したもの、末梢血《まっしょうけつ》幹細胞（薬で末梢血中の造血幹細胞を増やして採取したもの）、そしてさい帯血《たいけつ》（出産後のへその緒及び胎盤から採取したもの）の3種類があります。したがって、造血幹細胞移植とは骨髄移植、末梢血幹細胞移植、さい帯血移植のことをいいます。

iPS細胞がノーベル・医学生理学賞に値した大きな発見として取り上げられていますが、移植医療の一端あるいは一翼として造血幹細胞移植は注目を浴びています。

そのあらわれのひとつに、２０１２年4月20日、自由民主党の厚生労働部会は、造血幹細胞移植を安定的にするための法案提出を決め、最終的に２０１４年9月12日には、法律第90号として、「移植に用いる造血幹細胞の適切な提供の推進に関する法律」が成立しています。

今回は、造血幹細胞とまとめて称される骨髄、末梢血、さい帯血のうち、さい帯血に注目します。また、話題の中心は、さい帯血の製造原価《せいぞうげんか》はどのようにして算定していくかを、詳しく解説していきます。造血幹細胞とは何か、さい帯血とは何か、というそもそも論をわかりやすく解説することも必要ですが、移植に使うさい帯血はいくらでできるのかにこだわって書いています。一見しますと、「血の値段を計算するのか？」などと思われてしまうかもしれません。ただし、さまざまな観点からすると、「さい帯血の製造原価」を算定することは、移植医療全体にとっても必要なプロセス、フレームワークであることがおわかりいただけると思います。

さい帯血事業とさい帯血の会計・原価との一連の問題点

まずはどうして「さい帯血の製造原価」を算定するのか……というきっかけ（背景）から少し述べておきます。

さい帯血がいのちをつなぐ大変貴重な血液であることが認知されてきたのはここ数年といってもよいでしょう。ましてや、「さい帯血を作るのにいくらかかるのか」という疑問すら、浮かばない……正直なところと思います。

移植に用いるさい帯血は、おかあさんからいただいた血をそのまま使うわけではありません。検査したり調製したり保存したり……移植するためのさい帯血を作るにはおカネがかかっているわけです。

これまで、一般的に移植するためのさい帯血にかかった金額は、その年の費用（支出）として処理されていたことが実情でした。したがって、その年に使った・かかったと認識されていましたので、さい帯血というモノは決算書の上でも存在しえませんでした。

その背景にはさまざまな理由がありますが、たとえば、つぎのことがあげられます。

●会計基準が未成熟であったこと

さい帯血を主としてあつかう日本赤十字社のおカネのルール（日本赤十字社会計規則あるいは（さい帯血事業にかかわる）日本赤十字社血液事業特別会計規則）は、一般の企業が採用しているような会計の慣行とは異なるもので、極端に言ってしまえば、現金のみの出入りを基本にした収支計算に近いものでありました。

●補助金ベースの財政基盤

さい帯血事業は独立採算《どくりつさいさん》などが可能な事業ではありません。事業の重要性から国の関与が必要とされることもあり、補助金等をさい帯血事業に組み込む必要があります。ただし、補助として与えられたおカネを頼りにしている傾向も一方ではあり、受け入れた補助金をどのようにして過不足な

表１　2010年度の全国さい帯血バンクの経営成績

（単位：千円）

バンク	事業収支差額	他会計負担経費	総収支差額
1	△5,567	△8,200	△13,767
2	△4,900	△10,000	△14,900
3	△63,382		△63,382
4	△15,940		△15,940
5	△5,688	△1,200	△6,888
6	△31,936		△31,936
7	△12,000	△1,000	△13,000
8	5,480	△14,670	△9,190
9	2,000	△4,400	△2,400
10	△4,753	△18,206	△22,959
11	△3,094	△1,662	△4,756
計	△139,780	△59,338	△199,118

出所：日本さい帯血バンクネットワーク『将来構想検討会中間報告』(2011年６月、p.32)。なお、具体的なバンク名称は伏せて掲載しています。

く支出したかに重点を置いていたことは事実です。

●コスト意識の希薄化

医療は無限におカネをかけられるのが理想ですが、さい帯血にかかわる関係者において、どんなことにいくら使ったか、節約できることはないかなど……さい帯血そのものの研究に比べて軽視されてきたことは確かと思います。さい帯血の原価にかかわる論点は、さい帯血移植の発展のためには二の次にならざるを得ないことも理解はできます。しかし、２０１０年度には、さい帯血バンク全体で、２億円に近い大赤字が顕在化してきました。（**表１**）

日本赤十字社「さい帯血バンク事業検討委員会」の発足

日本赤十字社は、今後の日本赤十字社系列のさい帯血バンク事業（6バンク）経営についてどのような方向性で取り組むかにかかわり、2010年1月に「さい帯血バンク事業検討委員会」（委員長　河原和夫東京医科歯科大学大学院教授）を立ち上げました。「さい帯血バンク事業検討委員会」は、それ自体を親委員会とし、さい帯血事業を日本赤十字社の血液事業の関連事業と位置付けるなど画期的な取り組みがなされています。また、議論を進めるなかで、2つの小委員会を設けています。1つが、さい帯血の採取から提供にかかわるまでの品質管理を含めた標準的な手順書を作成するための小委員会・技術委員会（小委員長　高梨乃梨子日本赤十字社東京支部製剤課長）と、もう1つが会計基準を整備するための小委員会・会計委員会（小委員長　井出健二郎）です。

とりわけ、会計委員会では、どのような会計基準をもとにしてさい帯血バンクの財務諸表を作り上げるかと、さい帯血の原価（総費用）を求めていくことが命題となっています。どのような会計基準をもとに、さい帯血バンクの財務諸表を作り上げるかについては、2012年4月より本体である日本赤十字社会計規則、日本赤十字社血液事業特別会計規則が大きく制度変更されることになりました。そのため、さい帯血事業にかかわる会計基準は、日本赤十字社血液事業特別会計規則にもとづいて処理することで統一されました。ちなみに、日本赤十字社血液事業特別会計規則は、損益計算書、貸借対照表、キャッシュ・フロー計算書を基本財務諸表《ざいむしょひょう》と定めているように、一般に公正妥当な会計の慣行である企業と同じ会計制度を組み入れたものとなっています。

会計基準が整備される過程で、さい帯血（事業）と財務諸表とのかかわりにおいてパラダイム（大転換）ともいえる動きがあります。日本赤十字社の歴史の中で初めて、決算書（貸借対照表）に「さい帯血」という資産が表示・計上されることになったのです。これは、さい帯血に「サービスポテンシャル」が存在するという理論武装によるものです。さい帯血の採取や調製に消費した費用（金額）は、将来役務に供するであろうという資産性の確保によるものです。もちろんその半面、これまで提供されなかった、いわゆるさい帯血在庫をどのように評価するかなどのさまざまな問題も生ずるわけですが、さい帯血（事業）の今後を予想するに、さい帯血を資産として評価することにはプラスの意味があるといえるでしょう。

さい帯血のスタンダードな原価を算定するために

さて、さい帯血を資産として評価するには、売却価格や時価などの公正価値にもとづく認識と測定が必要になりますが、伝統的な会計理論では、製品の資産価値は、製品が製造されるまでの費用をもって、その原価とし評価されることが一般的です。さい帯血というモノ（製品・製薬剤品）も同様であり、さい帯血を調製するまでに使った費用を原価とすることになり、それがさい帯血という資産評価になります。ここで、さい帯血の原価はいくらかという議論が出てくることになります。もちろん、日本赤十字社という一組織にかかわる話ということもあり、原価の算定方法等は、これまでは内部の問題です。ただし、「移植に用いる造血幹細胞の適切な提供の推進に関する法律」などが制定された段階では、さい帯血の安定的な供給のためにこそ、さい帯血の採取から調製にわたる費用（金額）算定が外向きに耐えられるような基準が必要となります。

言ってみれば、企業が守るべきルールである「原価計算基準」に準ずるようなさい帯血の原価にかかわるルール設定が必要となります。それが『さい帯血原価計算要領』です。以下では、『さい帯血原価計算要領』の一部を逐条解説・コンメンタールし、さい帯血原価の算定を理解することとします。

『さい帯血原価計算要領』のコンメンタール

さっそく、第1条を解説します。第1条はつぎのとおりです。

> 第1章　総則
> 第1条　日本赤十字社血液事業特別会計規則（平成23年3月18日　本達甲第4号。以下「規則」という。）及び同施行細則（平成23年3月18日　本達丙第12号。以下「細則」という。）の施行に際し、本要領を定める。

まずは、通則として、日本赤十字社血液事業特別会計規則と同施行細則との2つが会計基準のベースになっていることを明らかにしています。とりわけ、日本赤十字社血液事業特別会計規則は、一般に公正妥当と認められる会計の慣行です。それは、企業会計制度と同様です。つまり、その会計基準は、外部報告のためルールと経営管理のためのルールとして十分なものと理解されます。ただし、第1条は、日本赤十字社の内部のためのものであることも示しています。いわば、それは一組織の要領として認識されています。しかし、造血幹細胞移植の将来性から見れば、「さい帯血原価計算要領」（以下、「本要領」と略称します）は、他の組織体でも適用できます。

> 第2条　この要領は、原価計算基準（昭和37年11月8日　大蔵省企業会計審議会）に準拠して、臍帯血の原価を予定及び実際により計算し、事業活動の計画的、効率的運営、原価管理、その他事業計画の決定に資するとともに、財務会計に正確な期間損益算定の基礎資料を提供することを目的とする。

第2条は、原価計算の目的が書かれた条文です。つぎに示す重要な内容が含まれています。

(1)　『原価計算基準』とのかかわり
(2)　原価計算の目的
(3)　原価計算制度

まずは、(3)を解説します。条文では、臍帯血の原価は、予定原価及び実際原価で計算すると書かれています。これは、「本要領」が実際原価計算制度のみを採用していることを述べています。実際原価計算制度とは、原価を実際価格で計算します。その実際原価が公表される決算書と結びつきます。実際原価とは、財貨の消費量を実際消費量で測定し、価格を乗じた原価をいいます。

ところで、企業が採用する原価計算制度には、実際原価計算制度と標準原価計算制度があります。標準原価計算制度とは、原価を標準価格で計算します。標準原価とは、財貨の消費量を標準消費量で測定し、価格を乗じた原価をいいます。この標準原価は、科学的調査によって導き出されます。企業は、よくこの標準原価計算制度を採用します。

しかし、さい帯血の原価は、標準原価ではなく、実際原価で計算します。これは、大きな特長です。その理由は、製造が、さい帯血のみだからです。製造が、くりかえし、ただ1つのモノを一連の工程で作るだけのことだからです。また、実際原価計算制度には、予定価格という考えがあります。予定価格とは、将来の一定期間における実際の価格を予想したものです。予定価格は、予定・予測する点で、標準原価と似ています。

消費量を実際消費量とする限り、実際原価計算制度の枠内となります。ただ、実務上で予定価格を設定することには困難さもあり、簡単に予定をたてにくい面もあります。

さて、(2)にうつります。第2条は、「本要領」における原価計算の目的が「事業活動の計画的、効率的運営、原価管理、その他事業計画の決定に資するとともに、財務会計に正確な期間損益算定の基礎資料を提供すること」と規定されています。ここでは、つぎのような異なる目的がみてとれます。

① 事業活動の計画的、効率的運営
② 原価管理
③ その他事業計画の決定

④　財務会計に正確な期間損益算定の基礎資料を提供すること

一方で、わが国の企業会計で適用されている『原価計算基準』では、主たる目的としてつぎをあげています。

1. 財務諸表作成目的
2. 価格決定目的
3. 原価管理目的
4. 予算管理目的
5. 基本計画目的

『原価計算基準』との準拠性を明らかにしていますが、目的の優先順位は異なっています。「本要領」の場合には、さい帯血バンクの財政基盤の脆弱さに根本があり、あえて事業活動の計画的、効率的運営を第一順位にすえたことになります。その点では、「本要領」にかかげる「事業活動の計画的、効率的運営」は、経常的な組織運営・経営に原価計算が必要であることを示しています。常時継続的に原価計算が行われることを意味しています。

また、③のその他事業計画の決定については、『原価計算基準』の5番目の目的である基本計画目的に近いイメージがあります。ただし、『原価計算基準』でいう基本計画は、設備投資を計画する場合や研究開発を行おうとする場合など個別計画（プロジェクト計画）と理解されます。つまり、原価計算は随時実行されるものでなく、その計画にあたり断片的に設定されるものと解釈されています。「本要領」においても、基本的なスタンスは同様と考えられますが、「診療報酬算定の基礎資料」などを明言し、国・厚生労働省等に対してアピールしていく積極的姿勢をストレートに表現してもよかったように思われます。「本要領」が日本赤十字社内部の規定であれば付言することはありませんが、外部公表用としてディスクローズされる場合にはむしろ好ましいといえます。『原価計算基準』の第1目的である財務諸表作成目的が、「本要領」にて4番目の目的となっています。第2条では、「財務会計に正確な期間損益算定の基礎資料を提供すること」として、いわゆる財務諸表作成目的を、目的の最後に配置しています。『原価計算基準』では、財務諸表作成目的は第1番目の目的として挙げられていたほどでした。これはどうしたことでしょうか。

1つには、その目的以上の上位目的があるからにほかなりません。さい帯血事業の活動が計画的、効率的に運営されることは、さい帯血を安定的に供給するうえで最優先であることはこれまでに述べてきたとおりです。したがって、それは目的として最上位にあげられます。

また、「本要領」で「財務会計に正確な期間損益算定の基礎資料を提供すること」が下位におかれている理由は、いわゆる財務会計が外部報告会計であるからと考えられます。一般的に、財務会計は、主体が、その主体の経済的活動を認識し、財務諸表を作成し、利用者（利害関係者）に報告（伝達）する枠組みと言われています。その枠組みでは、利用者（利害関係者）の意思決定に役立つことを念頭に、会計情報のニーズを求められます。

さてその場合、「本要領」は、第1条にあったように日本赤十字社血液事業特別会計規則と同施行細則とを主たる会計基準としていました。日本赤十字社、あるいはさい帯血バンクは、利用者（利害関係者）とする対象はいったい誰なのでしょうか。いわゆる企業会計でいうさまざまな利害関係者を想定する必要があるかどうかです。今後、日本赤十字社やさい帯血バンクがどのような社会的評価のもとで活動していくかにもよりますが、現在のところでは限定された利害関係者であると考えられます。「本要領」は、実質的には日本赤十字社の内部のガイドラインに過ぎないという性格からしますと、順位づけは妥当であろうと理解できます。

また、重要なことは「正確な期間損益算定」という文言にあります。原価計算のそもそも論になりますが、原価計算は、決算書との関わり合いとしては、つぎの2つがあります。

①. 製造・調製にかかわる正確な原価を計算し、損益計算書上の売上原価を計算すること。

②. 期末に計上する貸借対照表上での「臍帯血」（いわゆるたな卸資産）額を評価すること。

つまりは、損益計算書と貸借対照表という財務諸表を作成するのに必要不可欠な枠組みが原価計算です。

もちろん、「正確な期間損益算定」とありますので、損益計算書を作成する場合の必要性については規定されていることになります。しかしながら、実際の問題として、日本赤十字社血液事業特別会計規則にもとづく損益計算書上では、さい帯血事業は関連事業に該当し、「関連総事業費用」という一表示項目としてのみの表示となります。これは何を意味しているかといいますと、さい帯血原価はたとえ算定しても、その他さい帯血事業で負担されたさまざまな費用と合算されることになり、単独に（個別に）売上原価が表示されることはないということです。したがって、損益計算書上への役立ちを確保してはいますが、さい帯血事業の中の一費用としてとらえる傾向もあり、本来の原価計算の枠組みに比べてしまうと重要性は下がってしまっているようです。

さい帯血を製造・調製する費用は、その完成分は、さい帯血の製造・調製原価として計上されます。本来は、さい帯血の製造・調製原価の提供分が損益計算書でいう提供原価（一般的に言う売上原価）になります。提供されなかった分に期末たな卸資産として次期に繰り越されるとともに貸借対照表の流動資産の部に表示されることになります。このように費用や原価を未消費分に区別するためには単位当たりの費用・原価を算定し、未提供と提供（未消費量と消費量）に乗じて、たな卸高と当期費用を算出する必要があります。原価計算と財務会計（貸借対照表と損益計算書の作成）との関わり合いの本質ですが、さい帯血原価計算においては、そうした姿を構築していく必要があります。

さて、目的についてもう1つ解説しておくことにします。目的に「原価管理」があります。これは、原価計算と管理会計あるいは経営管理とのかかわり合いにおいて重要です。通常、原価管理目的とは、「経営管理の各階層に対して、原価管理に必要な原価資料を提供すること」とされています。原価管理とは広義において原価計画と原価統制とから成り立っています。「本要領」においては原価統制にのみ焦点を当てていますが、「実際原価計算」制度を採用している関係もあり、どれほど有効な原価管理が達成されるか疑問が残るところです。

ここで、一般的な原価統制はつぎのようにプロセスだてられています。

1. 原価の標準を設定する（プランの想定）（**PLAN**）
2. 原価の実際額を把握・測定・計算する（**DO**）
3. 標準と実際を比較する（**CHECK**）

4．差異を分析する
5．各階層に必要な原価情報を提供し、改善する（ACTION）

いわゆるPDCAサイクル、経営管理の基礎的なプロセスを狭義に実施しているわけです。この場合、繰り返しになりますが、「本要領」は「標準原価計算」制度を採用することなく、実際原価の枠のみで原価計算する制度枠です。予定価格を採用することはできますが、上記の原価管理がどの程度達成されるかは今後の課題となります。

第2条では、「原価計算基準（昭和37年11月8日　大蔵省企業会計審議会）に準拠して」とあり、『原価計算基準』とのかかわりを示しています。この記述も大きな「本要領」の特長と考えられます。なぜ、このように『原価計算基準』との準拠性を謳ったのでしょうか。

1つには、「本要領」が一般に公正妥当と認められる会計の慣行であることを示したいことにほかなりません。『原価計算基準』は、企業会計制度の枠内にあり、『企業会計原則』そして現在はさまざまな『企業会計基準』と並んで、わが国企業会計での一般に公正妥当と認められる会計の慣行を形成しています。日本赤十字社の血液事業の場合、日本赤十字社血液事業特別会計規則と同施行細則との2つが会計基準であり、いずれもが一般に公正妥当と認められる会計の慣行であると指摘しました。「本要領」は、原価を計算するためのルールですが、『原価計算基準』に準拠することで、一般に公正妥当と認められる会計の慣行となりうることを明示したものといえます。

もう1つの理由は、「本要領」を最終的に外部公表することを意識したものといえます。ひとつ目の理由と重なる部分も多いわけですが、「本要領」にあえて『原価計算基準』との準拠性を記載することで、「本要領」の信頼性を担保しようとしたことも事実です。第1条にもありましたが、「本要領」は実質的には日本赤十字社の内部のガイドラインに過ぎないわけです。しかしながら、政策的な事情により、日本赤十字社が、さい帯血事業を行う場合に、「どのような原価算定のプロセスとそのルール」かが厚生労働省などから求められることが今後出てくることになります。その時には、「本要領」が外部に公表されることになります。指摘した通り、『原価計算基準』との準拠性を明らかにして、一般に公正妥当と認められた会計の慣行であることを担保しておく必要があるわけです。

> 第3条　原価計算制度は、財務会計と有機的関連を保たなければならない。
> 2　本要領にしたがって計算された原価を、細則第15条第1項に定める原価とする。

第3条は、有機的関連として、2つの内容を示しています。第3条1では、「原価計算制度は、財務会計と有機的関連を保たなければならない」とあります。原価計算は、会計制度として実施するか否かを判断する場合、つぎのような2つの流れに分けられることになります。

(1)　原価計算制度
(2)　特殊原価調査《とくしゅげんかちょうさ》

「本要領」は、制度としての原価計算を想定しています。つまり、(1)の原価計算制度に該当します。原価計算制度とは、まさに会計制度として実施される原価計算です。会計制度とは、第2条でも解説した一般に公正妥当と認められる会計の慣行の枠組みであり、任意の非客観的なものは含まれません。

したがって、原価計算するためには、会計制度の入り口である、いわゆる簿記のシステムによって取引等が仕訳され、転記されるなど一連のプロセスを経なければ原価計算は成り立たないことになります。つまり、財務会計とのかかわりがなければ原価計算自体ができないことになります。

さらに、原価計算は、製造・調製にかかわる正確な原価を計算し、損益計算書上の売上原価（調整原価）を計算することや期末に計上する貸借対照表上での「たな卸資産」を評価することになります。つまりは、損益計算書と貸借対照表という財務諸表を作成するのに必要不可欠な枠組みが原価計算です。

この点でも、財務会計と関連する必要があります。

「原価計算制度は、財務会計と有機的関連を保たなければならない」とは、以上のようなかかわり合いを表現したことになります。

ちなみに、特殊原価調査とは、会計制度外で実施される原価計算をいい、統計的計算または技術的計算の特質を有しています。よって、特殊原価調査は会計制度、財務会計とは分離して実施されます。原価計算制度は、常時継続的にしかも反復して同一の計算が繰り返されますが、特殊原価調査の場合には随時断片的にそのつど異なる計算がなされることになります。

また、第3条2では、「本要領にしたがって計算された原価を、細則第15条第1項に定める原価とする」と規定しています。この記述もある意味では財務会計との有機的関連にかかわるものです。

今回のケースでは、財務会計との関連として考慮すべき会計基準は、日本赤十字社血液事業特別会計規則と同施行細則とになります。ただし、実はいずれのルールの中にも「原価」を定義している項目がありません。その意味では、２つの会計基準以外で、原価を定義する必要があります。それが「本要領」ということになります。そう考えますと、「本要領」と２つの会計基準とが有機的に結合していなければならないことになります。「本要領」の原価は、日本赤十字社血液事業特別会計規則と同施行細則を基本とする会計制度を経なければ算定できません。逆に、財務諸表上に計上されるさい帯血を製造・調製するのに要した費用やたな卸資産としてのさい帯血評価額は「本要領」をもとにして算定されてくることになります。

「いのちをつなぐ」縁の下のチカラ持ちであるように

さて、お話ししてきた、さい帯血原価計算要領の構成はつぎのようになっています。

さい帯血原価計算要領

第１章　総則

第１条（通則）　第２条（目的）　第３条（有機的関連）

第４条（原価の定義）　第５条（非製造原価項目）

第６条（原価計算の方法）　第７条（原価計算期間）

第２章　臍帯血の原価計算

第1節　費目別計算
　第8条（製造原価の分類）　第9条（人件費、材料費及び経費の分類）
　第10条（人件費及び経費の計算方法）　第11条（材料費の計算方法）
第2節　部門別計算
　第12条（部門別計算）　第13条（部門個別費と部門共通費）
第3節　製品別計算
　第14条（単純総合原価計算）

つまり、本書で逐条解説している条文は全体の一部にしかすぎません。誌面の関係もあり、その他の条文は別の機会に譲ることにします。

最後になりますが、地道ながら、こうした解説を丁寧に丹念に繊細におこなっておくことが、さい帯血など造血幹細胞が安定的に供給され、「いのちをつなぐ」、本当に縁の下のチカラ持ちになることを信じて、これからも研究していきます。

【参考文献その他（一部）】

「移植のコーディネートと費用」（２００７）
　http://www2.atword.jp/yangguang87/category/　2014/04/09.
岡本清、廣本敏郎、尾畑裕、挽文子（２００３）『管理会計』中央経済社。
経済経営環境研究会（２０１２）「造血幹細胞（さい帯血）の原価について」

http://www.keizaikeiikankyo.jp/monthly-report/ 2013/10/30.

厚生労働省（２０１０）「造血幹細胞移植の現状について」
http://www.mhlw.go.jp/stf/shingi/...att/2r98520000002hz00.pdf　2012/05/22.

厚生労働省健康局疾病対策課臓器移植対策室第32回造血幹細胞移植検討委員会（２０１１）「第32回厚生科学審議会疾病対策部会造血幹細胞移植委員会」議事録「日本赤十字社におけるさい帯血バンク事業検討委員会の検討状況について」資料２-１。
http://www.mhlw.go.jp/stf/shingi/2r985200001rtax-att/2r985200001rtez.pdf#search　2015/09/12.

「さい帯血ネット財政基盤の強化必要」（２００５）
www.boxweb.co.jp/hospital/news/000531_saitaiketsu.html　2014/02/15.

清水基弘（２００８）「ＧＭＰを適用した場合の臍帯血の製剤化に要する費用の研究」日本公衆衛生学会総会抄録集　第67巻６２１ページ。

診療報酬点数表「医科第2章　特掲診療料第10部　手術第2節　輸血料Ｋ９２２造血幹細胞移植」
shirobon.net/24/ika_2_10_2/k922.html　2012/11/12.

東京臍帯血バンク事務局（２００８）
http://www.geocities.co.jp/HeartLand-Oak/8400/r-1.html　2012/08/12.

日本経済新聞（２０１２年7月18日）「臍帯血バンク使い備蓄　ｉＰＳ細胞、厚労省専門委が容認」
http://www.nikkei.com/article/DGXNASDG18050_Y2A710C1CR8000/　2012/09/07.

日本さい帯血バンクネットワーク（２０１２）「２０１２年度第1回（通算１３５回）事業運営委員会議事要旨」

http://www.j-cord.gr.jp/ja/bank/data/unei24-01.pdf#search　2012/05/06.
日本さい帯血バンクネットワーク将来構想検討委員会（２０１１）『将来構想検討会中間報告』日本さい帯血バンクネットワーク。
湯地晃一郎「臍帯血ミニ移植の医療経済解析」（２０１０）
http//www.pfizer-zaidan.jp/fo/business/pdf/forum11　2012/11/03.

kenjiro Ide（2012）Cost Accounting for Hematopoietic Stem Cell Transplantation － *Based on Tentative Cord Blood Cost Accounting Guideline* － Wako Keizai, Vol.47-1. pp.1-9.

〔付記〕なお、本稿は、第11回日本医療経営学会（２０１２年10月・札幌ロイトルホテル）での発表の一部です。また、文部科学省科学研究費課題番号２６３８０２４（研究代表者井出健二郎）の成果の一部であります。

コラム

血液の値段はいくらなんだろう？——さい帯血の原価計算を研究して思うこと

井出 健二郎

「血」っていくらなんだろう？……なんて考えたことありますか。献血活動はボランティアから成り立っていますし、日本で「売血」は禁止されています。ですから、そんなことを考えることすら、お医者さんや看護師さん、そして病を患う方に怒られてしまうかもしれません。

血は血でも、「さい帯血」って知っていますか。出産のときに、おかあさんと赤ちゃんを結んでいる「へその緒」……これは知っているでしょう。へその緒のことを「さい帯」といいます。ですから、「さい帯血」は「へその緒にある血液」ということです。綾野剛さん主演のテレビドラマ「コウノドリ」では、ひんぱんに使われたコトバでした。

さい帯血は、白血病などの難病に効くといわれています。まだまだ研究途中ですが、「癌《ガン》」にも効果があるのではないか……とも期待されています。患者さんの中には自らでは血を作れない方がいて、さい帯血を移植することによって、自らで血を造れる可能性があるわけです。

まだなじみが薄いとすれば、骨髄《こつずい》移植はどうでしょうか。さい帯血は骨髄と同じくらい効果があると考えてくれればよいです。さい帯血と骨髄を合わせて、造血幹細胞《ぞうけつかんさいぼう》と呼んでいます。

さい帯血は出産のときにおかあさんの同意のもといただくわけですが、それをそのまま誰かに移植するわけではありません。おかあさんからいただく（採取する）↓いただいた血を細胞数やら抗体の質やらいろいろな角度からいろいろな方法で検査する↓移植までの間冷凍保存する↓その血を登録・公開する↓移植が決まったら改めて検査する↓移植する……けっこう手間も時間もかかっています。

つまり、移植する血を作ろうと思うと、検査などに薬品や材料がかかる・検査するにあたってヒトの手がかかる・保存するのに電気代などがかかる……。

「かかる」、なにが……おカネがかかるわけです。

いのちを守る・命をつなぐ・いのちをむすぶことのできる「さい帯血」だからこそ、それがいつまでも安全に安定的に安心して提供できるようにするために、きちんとねだんを決めておくことが必要なのです。

「ふーん」と思われる方もいるかもしれません。「異質」ですが、経済・経営の分野で医学とかかわりを持って、こうした研究をしたり考えたりしている人間がいること……知ってほしいと思います。

「ｉＰＳ細胞はいくらでできるのかなぁ」……知りたくて仕方がありません（笑い）。

あとがき

本書は、和光大学経済経営学部の創立50周年を記念して出版されました。経済経営学部に所属する教員が、「これからの日本を担う若者に、経済学や経営学の魅力を知ってもらいたい」という意図をもって執筆したものです。学問の面白さを直に伝えるものから、最先端の研究を紹介するものまで、多種多様な論文が寄せられています。果たして、私たちの願い通り、読者の皆さんの琴線に触れることができたでしょうか。読者の皆さんが、少しでも、経済学や経営学に興味を持ってくださったのであれば幸いです。

私たちの学部は、1966年4月、和光大学の創立と共に、経済学部として誕生しました。経済経営学部という名称に変更されたのは2004年のことです。この学部名称には、「入学した学生の皆さんに、経済学と経営学という密接な関係を持つ2つの学問を、総合的に学んで欲しい」という願いが込められています。

経済学は伝統ある学問です。その萌芽は産業革命の時代にあり、国家の近代化や市場の発展と共に深化してきました。経済とは、生活に必要なものを生産し、消費するという一連の行為のことであり、人々の生活そのものです。経済学は、どうしたらより多く生産し、より多く消費できるか、どうしたら生産したものをより多くの人に分配できるかを考える学問です。社会の仕組みを解明し、人々の幸福を追求する学問であるといえます。

他方、経営学は若くみずみずしい学問です。20世紀の初めに、それまでは経験や勘に頼ってきた企業経営を、分析や理論に基づく科学的なものへと進化させるべく、研究が始まったといわれています。どのようにすれば人々が企業で気持ち良く働けるか、どのようにすれば企業が成長できるか、どのようにすれば企業が社会に貢献できるかを考える学問です。経営学もまた、人々の幸福を追求する学問であるといえるでしょう。

経済の仕組みがわかっていなければ企業が進むべき道は分かりませんし、企業の行動原理がわかっていなければ経済の仕組みを解明することはできません。その意味で、経済学と経営学は相互に補完し合う関係にあるのです。私たちの和光大学経済経営学部は、経済学科と経営学科の2学科で構成されていますが、どちらの学科に属しても、他方の学科の授業を自由に学べる仕組みになっています。これは他に類を見ないものであり、私たちが誇りとしているところです。

ところで、現在の日本では少子高齢化が進んでいます。１９８０年代の日本は、６人の働き手が1人の高齢者を支える社会でしたが、２０１０年には3人の働き手で1人の高齢者を支える社会となりました。このまま進めば、50年くらいで、１人の働き手で1人の高齢者を支えなければならない時代がやってくるといわれています。

また、２０１２年には、日本の人口はピークを迎えました。戦後、日本の人口は増加の一途をたどってきましたが、２０１２年を境に減少へと転じたのです。これからは減少する一方です。現在の日本の人口は1億2千万人以上ですが、50年後には9千万人を下回ると予想されています。政府は2060年まで1億人を維持するという目標を掲げていますが、果たしてうまくいくでしょうか。

こうした状況を、日本はこれまで経験したことがありません。ヨーロッパの国々の中には、いずれ同じ道をたどる国も少なくないと思われますが、日本より先を行っている国はありません。若い皆さんがこれから歩んでいく社会は、全く未知の世界なのです。どうすれば皆が幸せと感じられる社会を作れるか、どうすれば自分と自分の家族を守っていけるか、どうすれば充実した人生を送れるか、自分自身で考え、判断していかなければなりません。経済学や経営学は、そうした日々の選択にさまざまなヒントを与えてくれます。本書を手にとってくださった皆さんが、これを契機に経済学や経営学を学び、生活や仕事に役立ててくださることを望みます。

和光大学　経済経営学部学部長
半谷俊彦

執筆者一覧（執筆順）

①専攻分野　②担当科目　③読者へのメッセージ

當間政義（とうま・まさよし）　第1章執筆

①経営学

②基本経営学、経営基本管理

③スポーツ、音楽、絵画等々…センスが問われるものが数多くあります。あまり馴染みが無いかもしれませんが、ビジネスも同じようにセンスが大事なのではないかと思います。センスを磨き、輝かしい将来の自分に期待しましょう！

丸山一彦（まるやま・かずひこ）　第2章執筆

①創造アーキテクト、新商品開発マネジメント

②マーケティング論、新商品企画

③マーケティングは恋愛と似ています。想いをよせる人に、恋愛は自分をアピールし、ビジネスでは商品をアピールします。どのような商品を企画して、どのようにアピールするか、こんな楽しい学びはありません。

金　雅美（キム・アミ）　第3章執筆
①国際経営
②国際ビジネス論、人事マネジメント論
③世界や社会、個人を知ることから、自分の成長が始まります。それは生涯続く作業であり、もっとも価値のある学びです。そのための情熱や時間を大切にしましょう。そのさきには、自由で創造的な世界が広がっています。

岩間剛一（いわま・こういち）　第4章執筆
①資源エネルギー論
②資源エネルギー論、マクロ経済学、産業組織論
③日本は米国に次いで大きな「先進国第2位の経済大国」まで成長しました。それは、私たちの誇りです。しかし、エネルギー自給率はわずか6％しかない、資源エネルギー小国なのです。みなさんが電気を十分に利用した快適な生活をするうえでも、より豊かな日本経済をつくるうえでも、エネルギーは必要不可欠です。そのエネルギーを海外からの輸入に依存する脆弱な日本経済の問題について丁寧に解説しています。

伊東達夫（いとう・たつお）　第5章執筆
①経済学史
②経済学史、経済学の歴史から見る現代
③経済学・経営学は、人間が幸せに暮らすための智恵であると思います。幸福とは何か、人のため社会のために何ができるか、みんなで考えましょう。

葉山幸嗣（はやま・こうじ）　第6章、同コラム執筆
①理論経済学
②マクロ経済学　経済政策　現代経済理論
③知識は生活を豊かにします。多くの教養を得ることによって、知識と知識が科学反応をおこします。そのとき、あなたなりの発見があり、それがあなたの個性を創っていきます。本書があなたの個性を創る手助けになることを祈っています。

樋口弘夫（ひぐち・ひろお）　第7章執筆
①社会政策
②社会政策
③10数年前には皆さんがあまり興味を示さなかった年金問題ですが、最近ではかなり身近な問題として考えられるようになっていませんか。皆さんの将来の仕事や生活を左右する様々な問題に目を凝らしてみましょう。

加藤　巌（かとう・いわお）　第8章、第1、8章コラム執筆
①開発経済学
②世界の貧困問題、東南アジアの文化とことば
③多様なアジア社会を覗きにいきませんか。様々なアジアの人々の暮らしに触れると、あなたの人生観がより豊かなものになります。新たな出会いから、やりたいことが見つかるかもしれませんよ。

鈴木岩行（すずき・いわゆき）　第9章執筆

①アジアにおける日本企業およびアジア企業の経営

②アジアビジネス論、企業論

③日本経済は今後少子化で縮小しますが、アジア経済は拡大傾向です。日本の中にとどまらず、広くアジアに出てみませんか。会社から派遣されるのではなく、自らアジア現地へ出てみましょう。今までと違う自分が見えてくるかもしれません。

岩崎　功（いわさき・いさお）　第10章執筆

①会計学、経営分析

②基本簿記、会計学原理、管理会計

③「学ぶ」は「真似る」からきた言葉だそうです。大学は、字句の通り「大きく学ぶ」ことで、それは「多くを真似る」ことなのです。その結果、物事の正道を考え、行動し、責任を取ることを「大いに学ぶ」ことになります。

清水雅貴（しみず・まさたか）　第11章執筆

①環境経済学・地方財政学

②環境経済学、ライフサイクルアセスメント、環境と食糧

③「学問」は様々な考えがめぐりだすと、「勉強する」ではなく「探求する」へと変わります。皆さんの日ごろ何気ない探究心は、もしかしたら学問かもしれませんよ。是非、本書を通じて探求することの面白さを感じてほしいです。

井出 健二郎（いで・けんじろう） 第12章、同コラム執筆
①会計学、医療政策科学
②会計学、簿記
③17才の頃、なんでも知ってやろう…と思っていました。この本はちょっとユニークな内容で、新たに知ること、学ぶことがあります。楽しんでください。

大野幸子（おおの・さちこ） 第2章コラム執筆
①マーケティング論、消費者行動論
②マーケティング・コミュニケーション、マーケティング・リサーチ
③商品の価格表示が200円と198円の場合、どちらが買いたくなりますか？ また、割引の表示が500円引きと30％引き（計算すると500円引き）の場合だとどうでしょう？ 消費者行動論を学んで、〝いつもの買物〟に新たな発見を！

平井宏典（ひらい・ひろのり） 第3章コラム執筆
①経営学
②産学連携実践論
③経営学の醍醐味は、ひとりのビジネスパーソンとして、その学びを日頃の生活や自分のキャリア（仕事）に活かすことができるところです。学生のうちから企業との協働を通して体験的に学ぶ、そんなエキサイティングな経験をぜひ！

原田尚幸（はらだ・なおゆき）　第5章コラム執筆
①スポーツビジネス
②スポーツビジネス論
③読者へのメッセージ：スポーツは私たちにとって身近な存在ですが、ビジネスの視点から見ると、全く違うおもしろい世界が見えてきます。２０２０年東京五輪の開催が決まり、今後ますます注目を集めるスポーツビジネスを一緒に学びましょう。

稲田圭祐（いなだ・けいすけ）　第7章コラム執筆
①公共政策　公会計
②公共政策
③「公共政策」という授業の到達目標は、問題を発見する力、解決策を導く力、解決策を評価する力の修得にあります。大学で経済・経営学を学ぶ意義は、経済や経営の専門的知識の習得だけではなく、さまざまな力の学修にあると思っています。

バンバン・ルディアント（Bambang Rudyanto）　第8章コラム執筆
①防災地理情報システム
②メディアビジネス論
③大きな災害が発生すると緊急支援などの国際協力が重要です。そのため防災分野では国際経験を持つ人材が不可欠です。国際経験は学生時代が最適です。学生のうちに多くの海外に行き、肌で感じる体験をすることがその後の人生にとって宝物です。日本を見直す原動力にもなります。

竹田　泉（たけだ・いずみ）　第9章コラム執筆
①経済史
②現代経済史、世界史の中の経済
③歴史的視野をもったとき、これまで見えなかったものが、輝きを帯びて突如眼前にあらわれることがあります。歴史とは、過去を知るためだけの学問ではありません。現在のことを深く考えるために欠かせないツールです。

森下直紀（もりした・なおき）　第11章コラム執筆
①環境史、環境社会学、科学技術社会論
②環境学、科学技術社会論、地球環境問題の科学
③私たちは、日々先端科学・技術の恩恵を受けながら生活を送っています。例えば、自分たちが日々便利に利用している電気を考えてみましょう。電気がどのように作られているのか、2011年3月の福島第一原発事故が発生するまで無頓着な人たちが多かったに違いありません。便利なものの裏側には、どのような負の側面があるのか、また、そうしたリスクを含めて経済的あるいは便利なものか、ぜひ考えてみてください。

半谷俊彦（はんや・としひこ）　あとがき執筆
①財政学
②財政学、公共経済学、租税論、地方財政論
③経済学は、どうしたら人々が豊かに暮らせるか、どうしたら社会から貧困がなくなるかを考える学問で

す。若い読者の皆さんがひとりでも多く経済学を学び、社会の発展に役立ててくださることを願っています。

●編著者紹介

和光大学経済経営学部

和光大学経済経営学部は、経済学科と経営学科の２つの学科から成り立っています。それぞれの学科は独立したカリキュラムを持っていますが、経済・経営にかかわる内容を総合的に学習することができる学部体制を採用しています。現在の教員数は34人で、約1,200人の学生が学んでいます。

現代社会では、情報化や国際化の進展、環境問題の深刻化など、経済・経営を取り巻く様々な課題や問題に積極的に取り組むことができる人材が求められています。みずからの意志で時代を読み取り、社会的な貢献ができる豊かな国際性と社会性を兼ね備えた学生を世に送り出したい、それが私たち経済経営学部の願いです。

１７歳《じゅうななさい》からはじめる経済《けいざい》・経営学《けいえいがく》のススメ

2016年１月10日　第１版第１刷発行

編著者――和光大学経済経営学部
発行者――串崎　浩
発行所――株式会社日本評論社
〒170-8474　東京都豊島区南大塚3-12-4
電話　03-3987-8621（販売）、8595（編集）
振替　00100-3-16
印　刷――精文堂印刷株式会社
製　本――株式会社難波製本
装　幀――林　健造

ISBN978-4-535-55812-0